Duden

Unsere Wörter des Jahrzehnts

2000–2010
Chai Latte, Ego-Googeln und Ich-AG

Dudenverlag
Mannheim · Zürich

Bibliografische Information der Deutschen Nationalbibliothek
Die Deutsche Nationalbibliothek verzeichnet diese Publikation in der
Deutschen Nationalbibliografie; detaillierte bibliografische Daten sind im
Internet über http://dnb.d-nb.de abrufbar.

Es wurde größte Sorgfalt darauf verwendet, dass die in diesem Werk ge-
machten Angaben korrekt sind und dem derzeitigen Wissensstand entspre-
chen. Für im Werk auftretende Fehler können Autor, Redaktion und Verlag
aber keine Verantwortung und daraus folgende oder sonstige Haftung über-
nehmen.

Namen und Kennzeichen, die als Marken bekannt sind und entsprechenden
Schutz genießen, sind durch das Zeichen ® geschützt. Aus dem Fehlen des
Zeichens darf in Einzelfällen nicht geschlossen werden, dass ein Name frei ist.

Das Wort Duden ist für den Verlag Bibliographisches Institut GmbH
als Marke geschützt.

© Duden 2011
Bibliographisches Institut GmbH
Dudenstraße 6, 68167 Mannheim
E   D   C   B   A

Redaktion Heike Pfersdorff
Herstellung Monika Schoch

Typografie Horst Bachmann
Umschlaggestaltung Büroecco, Augsburg
Titelillustration Lucia Götz
Satz Bibliographisches Institut GmbH, Mannheim
Druck und Einband freiburger graphische betriebe GmbH & Co. KG
Bebelstraße 11, 79108 Freiburg

Printed in Germany
ISBN 978-3-411-70106-3
Auch als E-Book erhältlich unter:
ISBN 978-3-411-90266-8
www.duden.de

Wie kommt ein Wort in den Duden?

Wir in der Dudenredaktion sind ständig auf der Suche nach neuen Wörtern, die wir dann bei einer Aktualisierung in ein Wörterbuch aufnehmen. Doch wie »finden« wir neue Wörter und wie stellen wir sicher, dass wir keinen der Neulinge übersehen? Wie entscheiden wir, ob Wörter »wichtig« genug sind, um in ein Wörterbuch aufgenommen zu werden?

Wortsuche per Computer: das Dudenkorpus

Unser wichtigstes Verfahren besteht darin, dass wir mithilfe von Computerprogrammen sehr große Mengen an elektronischen Texten daraufhin »durchkämmen«, ob in ihnen bislang unbekannte Wörter enthalten sind. Treten sie in einer gewissen Häufung und einer bestimmten Streuung über die Texte hinweg auf, handelt es sich um Neuaufnahmekandidaten. Unsere Textbasis bildet dabei das Dudenkorpus, das mittlerweile rund 2 Milliarden Wortformen zählt und sich aus einer Vielzahl aktueller Zeitungs- und Zeitschriftenartikel, Romane, Reden, Reparatur- und Bastelanleitungen usw. zusammensetzt. Das Dudenkorpus wird laufend aktualisiert, sodass wir sicher sein können, keine neuen Entwicklungen zu übersehen.

Zusätzlich suchen wir punktuell auch in anderen elektronischen Quellen nach neuen oder bislang noch nicht verzeichneten Wörtern. Allen voran ist hier natürlich das Internet zu nennen, aber auch die Korpora anderer Institute.

Die Duden-Sprachberatung

Über die Duden-Sprachberatung erhalten wir täglich bis zu 200 Anfragen rund um die deutsche Sprache, darunter Fragen zur Schreibweise und zur Bedeutung von neuen Wörtern oder – was auch vorkommt – von Wörtern, die im Duden vermisst werden. Diese Anfragen werden, sofern sie häufiger auftreten, in einer Datenbank festgehalten. Aber welche Wörter kommen nun in die nächste Auflage des Dudens?

Die Entscheidung durch die Dudenredaktion

Das Wort, über dessen Aufnahme die Redakteurin oder der Redakteur zu entscheiden hat, muss in einer gewissen Häufigkeit auftreten, und zwar über einen längeren Zeitraum hinweg, am besten über mehrere Jahre. Darüber hinaus sollte das infrage stehende Wort in verschiedenen Textsorten (Zeitschriftenartikeln, Romanen, Fachtexten etc.) vorkommen, sodass wir davon ausgehen können, dass es wirklich »in aller Munde« ist und nicht etwa nur von Fachleuten gebraucht wird.

Nicht immer sprechen Zahlen, Daten und Fakten jedoch eine klare Sprache. In diesen Fällen sind wir in der Dudenredaktion auf den kollegialen Austausch untereinander angewiesen und natürlich auf unsere ganz individuelle Sprachkompetenz.

A

ạb|früh|stü|cken ⟨*schwaches Verb; hat*⟩ *(umgangssprachlich):*
erledigen: das Thema ist längst abgefrühstückt.

Ạb|gel|tungs|steu|er, Ạb|gel|tung|steu|er, *die (Steuerwe-*
sen): auf die einen bestimmten Freibetrag überschreitenden
Zinserträge erhobene pauschale Zinssteuer, durch deren
Entrichtung die Steuerpflicht erlischt.

Ạb|sa|cker, *der; -s, - (umgangssprachlich):* am Ende eines
Zusammenseins oder vor dem Schlafengehen getrunkenes
letztes Glas eines alkoholischen Getränks.

Ạb|wrack|prä|mie, *die (umgangssprachlich):* Prämie, die
einem Autobesitzer für die Verschrottung seines alten
Autos beim Kauf eines Neuwagens vom Staat gewährt
wird.

Ạb|zo|cke, *die; -, -n (salopp):* das Abzocken; das Abgezockt-
werden.

af|ro|deutsch [ˈaːf..., *auch:* ˈaf...] ⟨*Adjektiv*⟩: die Afrodeut-
schen betreffend.

Af|ter-Show-Par|ty, Af|ter|show|par|ty [ˈaːftɐ(ˈ)ʃoʊpaːɐ̯ti],
*die; -, -s [aus englisch after show = nach der Vorführung und
Party]: nach einem Konzert, einer Show o. Ä. stattfindende
Party [für einen ausgewählten Kreis von Eingeladenen].

Ạl|co|pop, Alkopop, *der oder das; -[s], -s [englisch alcopop,
zu: alcohol = Alkohol und pop = Limonade, Brause]: fertig
zu kaufendes Mischgetränk aus hochprozentigem Alkohol
und Limonade: an Alcopops finden immer mehr Jugendliche
Gefallen.

all-in|clu|sive [ˈɔːl(|)ɪnˈkluːsɪv] ⟨*Adverb*⟩ [englisch, aus: all =
alles und inclusive < mittellateinisch inclusivus, inklusive]

(besonders Touristik): alles [ist im Preis] enthalten (bei Pauschalreisen u. Ä.): wir reisen all-inclusive; eine Woche all-inclusive zum Schnäppchenpreis.

al-Qai|da usw.: ↑ El Kaida usw.

al|ter|na|tiv|los ⟨*Adjektiv*⟩: keine Alternativlösung zulassend, keine andere Möglichkeit bietend, ohne Alternative: unser Handeln ist alternativlos.

● **Am|pel|männ|chen,** *das:* im grünen und im roten Licht einer Ampel für Fußgänger sichtbares stilisiertes gehendes bzw. stehendes Männchen, mit dem das Signal zum Gehen bzw. zum Warten verdeutlicht wird.

Ana|log|kä|se, *der:* dem Käse ähnliches, aber nicht hauptsächlich aus Milch hergestelltes Nahrungsmittel.

an|ge|fres|sen ⟨*Adjektiv*⟩ *(salopp):* verärgert: angefressen sein, reagieren, wirken.

An|ti|ter|ror|krieg, *der; -[e]s, -e:* militärische Bekämpfung des Terrorismus.

App [ɛp], *die; -, -s oder das, auch: der; -s, -s* [Kurzform von englisch application (Applikation)] *(Jargon):* zusätzliche Applikation, die auf bestimmte Mobiltelefone heruntergeladen werden kann.

Ar|beits|zeit|kon|to, *das:* (zur Flexibilisierung der Arbeitszeit beitragende) Maßnahme bzw. Möglichkeit für Arbeitnehmer[innen], die zu einer bestimmten Zeit geleistete Mehrarbeit zu einer anderen Zeit in Freizeit umzuwandeln.

Asant, *der; -s* [zu dem neulateinischen botanischen Namen (Ferula) as(s)a-foetida, zu lateinisch foetidum = übel riechend]: (zu den Doldenblütlern gehörende) unangenehm riechende krautige Pflanze, die zu einem großen Teil aus Harz besteht und besonders in Indien als Gewürz verwendet wird.

auf|hüb|schen ⟨*schwaches Verb; hat*⟩ *(umgangssprachlich):* hübscher, anziehender machen; verschönern: Bahnhöfe aufhübschen; eine Bilanz gezielt aufhübschen.

Die kauzigen Ost-Ampelmännchen, die seit 1961 die Fußgänger in der DDR in den Farben Rot und Grün zu verkehrsgerechtem Verhalten aufforderten, drohten im Rahmen einer europaweiten Vereinheitlichung der Ampelzeichen Ende des 20. Jahrhunderts zu verschwinden. Doch bildeten sich zu ihrer Rettung deutschlandweit Fanklubs und Initiativen – mit Erfolg: Die **Ampelmännchen** wurden wieder zugelassen und an verschiedenen Orten, z. B. in Erfurt und Berlin, wieder installiert. Das im Vergleich zu seinem westdeutschen Kollegen gedrungenere Ost-Männchen, das einen Hut trägt und bei Grün mit angewinkelten Armen vorwärtshastet, wird auch erfolgreich vermarktet: T-Shirts, Kaffeetassen, Mousepads u. a. werden mit Ampelmännchen bedruckt; seit 2001 gibt es sogar Ampelmann-Shops.

Auf|lauf|kind, *das (Fußball):* Kind, das beim Einlaufen einer Fußballmannschaft mitgenommen wird und vor Beginn des Spiels das Spielfeld wieder verlässt.

Aus|bil|dungs|platz|ab|ga|be, *die:* Abgabe, die ein Betrieb bzw. ein Arbeitgeber zu zahlen hat, wenn er keine oder zu wenig Ausbildungsplätze zur Verfügung stellt.

aus|grau|en ⟨*schwaches Verb; hat;* meist im 2. Partizip⟩ *(EDV):* auf dem Bildschirm in grauer Schrift, als graues Feld erscheinen lassen und damit als nicht aktiviert kennzeichnen.

aus|ti|cken ⟨*schwaches Verb; ist*⟩ *(umgangssprachlich):* durchdrehen, die Nerven verlieren: während des Entzugs ist sie fast ausgetickt.

aus|til|len ⟨*schwaches Verb; ist*⟩ [zu: tillen] *(salopp):* die Beherrschung verlieren, durchdrehen: er ist wohl völlig ausgetillt; ⟨*substantivisch:*⟩ meine Bekannte ist seit heute Morgen am Toben und Austillen.

B

Ba|by|blues [ˈbeːbibluːs], *der;* - [englisch baby blues]
(umgangssprachlich): Wochenbettdepression.

● **Ba|by|klap|pe,** *die:* meist in einer öffentlichen Einrichtung
installierte Vorrichtung, in die ein Säugling anonym [in ein
Wärmebett] abgelegt werden kann.

Ba|gel [ˈbeɪɡl], *der; -s, -s* [englisch bagel < jiddisch baygel,
bejgel, über mundartliche Formen zu Beugel]: ringförmiges
brötchenähnliches Gebäckstück, das vor dem Backen in sie-
dendes Wasser gelegt wird.

Bal|sam|es|sig, *der:* dunkler, süßlicher Essig aus dem Most
weißer italienischer Trauben.

Bauch|ge|fühl, *das:* emotionale, nicht vom Verstand gelei-
tete Einschätzung; Intuition: auf sein Bauchgefühl hören,
vertrauen.

Im Jahr 2000 wurde in Hamburg die erste **Babyklappe** in Deutschland eingerichtet. Dort können Mütter, die nicht bereit oder in der
Lage sind, sich um ihr Neugeborenes zu kümmern, ihr Baby anonym und straffrei abgeben. Das Kind wird durch eine Klappe in
ein Wärmebett gelegt. Beim Schließen der Klappe lösen Sensoren
einen Alarm aus, der Hilfskräfte auf den Plan ruft. Das Kind wird
acht Wochen lang in der Obhut der Einrichtung betreut. Wenn
die Mutter den Säugling innerhalb dieser Zeit nicht zurückholt,
wird er zur Adoption freigegeben. Obwohl Babyklappen vor allem
wegen der unklaren Rechtslage umstritten sind, gibt es mittlerweile in Deutschland rund 100 dieser Einrichtungen.

Be|die|nungs|the|ke, *die:* Theke, an der die Kundschaft persönlich bedient wird [im Gegensatz zur Selbstbedienung]: Käse und Wurst aus unserer Bedienungstheke.

Bei|tritts|land, *das* ⟨Plural ...länder⟩ *(Politik):* Land, dessen Beitritt zu einer Gemeinschaft oder Organisation geplant ist.

Be|rufs|ju|gend|li|che *die: (umgangssprachlich abwertend):* erwachsene Frau, die [um von Jüngeren akzeptiert zu werden] in Bezug auf Kleidung, Verhalten o. Ä. wie eine Jugendliche auftritt.

Be|set|zungs|couch, *die* [Lehnübersetzung von englisch casting couch] *(Film-, Theaterjargon):* Couch im Büro eines Filmproduzenten o. Ä., auf der angeblich die Entscheidung über die Besetzung einer Rolle allein aufgrund sexueller Kontakte erfolgt: sich auf die legendäre Besetzungscouch legen.

Best Ager [- ˈeɪdʒɐ], *der; - -s, - -[s]* ⟨meist Plural⟩ [aus englisch best = best... und age = Alter] *(besonders Werbesprache):* Person, die zur anspruchsvollen, konsumfreudigen Kundengruppe der über 40- bzw. 50-Jährigen gehört.

Best-of, *das; -[s], -s* [englisch best of = Bestes von ...] *(umgangssprachlich):* Zusammenstellung besonders beliebter und erfolgreicher Musikstücke, Filmszenen u. Ä.

Best-of-CD, *die:* CD mit den erfolgreichsten Stücken einer Künstlerin, eines Künstlers oder einer Gruppe.

Be|zahl|fern|se|hen, Be|zahl-TV, *das (umgangssprachlich):* Pay-TV.

Bi|ki|ni|li|nie, *die:* (nicht vom Bikinihöschen bedeckte) Linie über den Schamhaaren: entfernen Sie die Haare entlang der Bikinilinie.

Bild|punkt, *der (EDV):* Pixel: eine Auflösung von 3 Mio. Bildpunkten.

Bil|lig|flie|ger, *der (umgangssprachlich):* Billigfluglinie.

Bim|bes, *der oder das; -* [gaunersprachlich Bimbs, Bims =

11

Geld, vielleicht Nebenform von: Pimmer = Brot, Herkunft ungeklärt] *(landschaftlich):* Geld.

Bio|pic [ˈbaɪoʊ...], *das; -[s], -s* [englisch biopic, zusammengezogen aus: biographical picture = biografischer Film] *(Film, Fernsehen):* Verfilmung des Lebens einer Person, die tatsächlich lebt oder gelebt hat: das Biopic über Johnny Cash.

bla|den [ˈbleɪdn̩] ⟨*schwaches Verb; ist*⟩ [englisch to blade, zu Rollerblade®]: mit Inlineskates fahren: morgen Abend wollen wir im Park bladen.

Blitz|eis, *das:* Eis, das sich auf Straßen o. Ä. sehr schnell aus [Regen]wasser bildet: mit tückischem Blitzeis rechnen müssen.

Blog, *das, auch: der; -s, -s* [englisch blog, gekürzt aus: weblog, Weblog] *(EDV):* kurz für ↑ Weblog.

blog|gen ⟨*schwaches Verb; hat*⟩ [englisch to blog] *(EDV):* an einem Blog [mit]schreiben: ⟨*substantivisch:*⟩ Tipps für erfolgreiches und kreatives Bloggen.

Blut|di|a|mant, *der* ⟨*meist Plural*⟩: Diamant, mit dessen Verkauf bewaffnete Konflikte, Bürgerkriege o. Ä. finanziert werden.

● **Bo|dy-Mass-In|dex** [ˈbɔdimæs...], *der* [englisch body mass index, aus: body mass = Körpermasse und index = (Mess)wert] *(Medizin):* Maß für das Verhältnis von Körpergewicht zu Körpergröße (beim Menschen) (Abkürzung BMI): seinen Body-Mass-Index ausrechnen.

Der **Body-Mass-Index** (BMI) berechnet sich aus dem Körpergewicht (kg) dividiert durch das Quadrat der Körpergröße (m²). Die Formel lautet: BMI = Körpergewicht : (Körpergröße in m)². Dies bedeutet, dass eine Person mit einer Körpergröße von 160 cm und einem Körpergewicht von 60 kg einen BMI von 23,4 hat [60 : (1,6 m)² = 23,4]. Der »wünschenswerte« BMI hängt vom Alter ab.

Bol|ly|wood ['bɔliwʊd; englisch Bollywood, zusammenge-
zogen aus: Bombay (Stadt in Indien; seit 1996 Mumbay)
und Hollywood]: *Bezeichnung für die indische Filmindus-
trie.*

Bo|nus|mei|le, *die:* Einheit eines Bonusprogramms von
Fluggesellschaften.

Bo|tox®, *das;* - [kurz für: **Bo**tulinum**tox**in = ein Nervengift,
zu: lateinisch botulus, (Botulismus) und Toxin]: Nerven-
gift, das in stark verdünnter Form zum Glätten von Fal-
ten gespritzt wird.

Bo|xen|lu|der, *das (salopp):* junge, attraktive Frau, die sich
bei großen Autorennen im Fahrerlager aufhält und auf
den Rennfahrzeugen posiert.

Brenn|stoff|zel|le *(Technik):* einer Batterie ähnliche
Stromquelle, in der durch Oxidation von Wasserstoff mit
Sauerstoff chemische Energie in elektrische Energie
umgewandelt wird.

Bröt|chen|tas|te, *die* [das Parken darf nicht länger dauern
als ein kurzer Halt vor einer Bäckerei, um schnell Brötchen
zu kaufen] *(umgangssprachlich):* Taste am Parkschein-
automaten für kostenloses kurzes Parken.

Brus|chet|ta [brʊs'kɛta, bru'skɛta], *die;* -, -s u. -e [...'kɛte]
[italienisch bruschetta, zu: bruscare (Verbformen vor -e
und -i: brusch-) = rösten und dem weiblichen Verkleine-
rungssuffix -etta]: Vorspeise aus klein gewürfelten Toma-
ten mit Öl und Gewürzen auf geröstetem Brot.

bru|tal|st|mög|lich ⟨*Adjektiv*⟩: so brutal wie möglich; ohne
jegliche Rücksichtnahme: die brutalstmögliche Aufklä-
rung der Affäre; er versuchte, sich brutalstmöglich für
höhere Ämter zu profilieren; seine Pläne brutalstmöglich
durchziehen.

●**Bun|des|po|li|zei,** *die:* Sonderpolizei des Bundes zum Schutz
der Grenzgebiete (bis 2005). Abkürzung BPOL.

Der ehemalige Bundesgrenzschutz (BGS), Sonderpolizei des Bundes, firmiert seit dem 1. 7. 2005 als **Bundespolizei**. Aufgaben und Befugnisse der rd. 30 000 seither blau statt grün gewandeten Beamten sind u. a. der Schutz der Grenzen, Bahnhöfe und Großflughäfen sowie der diplomatischen und konsularischen Vertretungen Deutschlands im Ausland, auch beteiligen sie sich an Aufgaben des Personenschutzes durch das Bundeskriminalamt. Auf Nord- und Ostsee nimmt die Bundespolizei Aufgaben der Schifffahrtspolizei, des Umweltschutzes, der Fischereiüberwachung und der Überwachung von Forschungshandlungen wahr.

Bür|ger|ver|si|che|rung, *die:* Form der Sozialversicherung, die neben abhängig Beschäftigten auch alle anderen Bevölkerungsgruppen einschließt: eine beitragsgerechte Bürgerversicherung für alle.

Busch|funk, *der ⟨ohne Plural⟩ (umgangssprachlich):* Verbreitung von Informationen über inoffizielle Kanäle: die wichtigsten Neuigkeiten erfährt man immer über den Buschfunk.

Buz|zer ['baze], *der; -s, -* [englisch buzzer, zu: to buzz = summen, lautmalend]: Gerät, das [auf Knopfdruck] einen Summton erzeugt: bei der Spielshow hatte sie immer als Schnellste auf den Buzzer gedrückt.

B2B-Ge|schäft, *das (Wirtschaft):* Geschäft, das im Bereich Business-to-Business abgewickelt wird.

C

Caf|fè Lạt|te [kafe -], *der; - -, -s* - [zu italienisch caffè e latte = Kaffee und Milch]: Milchkaffee.

Cạm|pus|maut, *die (umgangssprachlich scherzhaft):* Studiengebühr.

cạs|ten ⟨schwaches Verb; hat⟩ [englisch to cast = besetzen] *(Film, Fernsehen):* für eine bestimmte Film- oder Fernsehrolle auswählen; Probeaufnahmen von jemandem machen: gecastet werden.

● **Cạs|ting|show,** *die:* Fernsehshow, bei der es [in einer Art Wettbewerb] um das Besetzen einer Stelle, einer Rolle o. Ä. geht.

Ca|te|rer [ˈkeɪtərɐ], *der; -s,* - [englisch caterer, zu: to cater, (Catering)] *(Fachsprache):* auf das Catering spezialisiertes Unternehmen.

Shows im Fernsehen, bei denen Menschen vor einer Jury ihre Fähigkeiten und Talente unter Beweis stellen, sind weltweit verbreitet und in aller Regel ein Quotenbringer. Eine Jury nimmt die Auswahl unter den Bewerbern vor, die damit in eine weitere Runde aufsteigen, bis zum Schluss nur noch einige wenige Kandidaten übrig bleiben, aus denen meist der Fernsehzuschauer per »Televoting« (Telefonabstimmung) einen Gewinner kürt. Die erste **Castingshow** in Deutschland war die Sendung »Popstars« (Start im Jahr 2000), in der eine Popband zusammengestellt wurde. Die wohl bekannteste Castingshow »Deutschland sucht den Superstar«, kurz »DSDS«, wurde erstmals im Herbst 2002 ausgestrahlt; die Show »Das Supertalent« läuft seit 2007. Daneben suchen Topmodel Heidi Klum »Germany's next Topmodel« (seit 2006) und Sängerin Sarah Connor den »X Factor« (seit 2010).

Ce|le|b|ri|ty [sə'lɛbriti], *die; -, Plural -s oder ...ies* [englisch celebrity < lateinisch celebritas, zu lateinisch celeber = berühmt]: Berühmtheit, prominente Persönlichkeit.

Chai Lat|te [tʃai -], *der; - -, - -* [aus Hindi chai (< nordchinesisch ch'a = Tee) = gesüßter Gewürztee und italienisch latte = Milch]: gewürzter Tee mit aufgeschäumter Milch.

Cham|pa|g|ner|du|sche, *die:* das Übergießen und Nassspritzen mit Champagner [zur Feier eines sportlichen Erfolgs].

Cha|os|ta|ge ⟨*Plural*⟩ *(Jargon):* mehrtägiges Treffen von Punks (in einer bestimmten Stadt), das meist durch Krawalle, Sachbeschädigungen und Polizeieinsatz provozierende Aktivitäten bestimmt wird.

chat|ten [tʃætn̩] ⟨*schwaches Verb; hat*⟩ [englisch to chat, eigentlich = sich unterhalten, plaudern] *(EDV):* sich an einem Chat beteiligen.

Chen|nai ['tʃɛnai]: *Stadt in Indien (früher Madras).*

Ci|ty|maut, *die (umgangssprachlich):* beim Befahren des Innenstadtbereichs zu entrichtende Maut.

● **Clown|fisch,** *der:* (besonders in den Korallenriffen des Indischen und des Pazifischen Ozeans lebender) in zahlreichen Arten vorkommender farbenprächtiger Seefisch.

Im Jahr 2003 verhalf der Animationsfilm »Findet Nemo!« um einen kleinen **Clownfisch** dieser Spezies zu weltweiter Berühmtheit. Inhalt: Nemo wird im Pazifik vor der Ostküste Australiens von einem Taucher gefangen und landet im Aquarium eines Zahnarztes; Nemos Vater Marlin macht sich auf die Suche nach ihm und erlebt dabei eine Menge Abenteuer, bis er mit seinem Sohn, der durch einen Abfluss ins Meer gespült wurde, wieder vereint ist. – Der Film löste eine starke Nachfrage nach Clownfischen aus; vor allem Kinder »befreiten« dann ihre Fische und spülten sie Toiletten oder Abflüsse hinunter, was in aller Regel mit deren Tod endete. Die im Film vorkommenden Orte verzeichneten einen erheblichen Anstieg der Touristenzahlen.

Co|me|dy [ˈkɔmədi], *die; -, -s* [englisch comedy < (a)franzö-
sisch comédie, (Comédie)] *(besonders Fernsehen):* (oft als
Serie produzierte) humoristische Sendung.

Co|ming-of-Age-Film [kamɪŋ|ɔfˈ|eɪdʒ...], *der; -[e]s, -e* [eng-
lisch coming of age, zu: to come of age = mündig, volljährig
werden] *(Film):* Film, der das Erwachsenwerden, den Über-
gang vom Jugend- zum Erwachsenenalter zum Thema hat.

Co|ver|band [...bɛnt, *englisch:* ...bænd], *die* [englisch cover
band, aus: cover (Cover) und band, (Band)]: Band, die
bekannte Stücke von berühmten Bands [originalgetreu]
nachspielt.

Cre|dit|point, Cre|dit-Point [ˈkredɪtpɔynt], *der; -s, -s,* [eng-
lisch credit point, aus: credit = Anerkennung, Bestätigung
einer Leistung und point = Punkt], *(Hochschulwesen):*
(an europäischen Universitäten gültige) Einheit, mit der
eine bestimmte im Studium erbrachte Leistung nach-
gewiesen wird.

Cross-Sel|ling, *das; -s, -s* [englisch cross-selling, zu: cross
(Cross) und to sell = verkaufen] *(Wirtschaft):* Verkauf von
Produkten über bereits bestehende Kundenkontakte.

C

D

Dampf|plau|de|rer, *der (umgangssprachlich abwertend):* Person, besonders des öffentlichen Lebens, die gern und viel redet.

Da|ten|klau, *der (umgangssprachlich):* Diebstahl von elektronisch gespeicherten Daten.

DAU, *der; -s, -s (salopp):* scherzhafte Abkürzung für **d**ümmster **a**nzunehmender **U**ser.

De|fault [dɪˈfɔːlt], *das oder der; -s, -s* [englisch default = eigentlich Mangel, Versäumnis, über das Altfranzösische zu lateinisch fallere = betrügen, täuschen; unerfüllt lassen, bleiben] *(EDV):* Voreinstellung.

de|fault|mä|ßig ⟨*Adjektiv*⟩ *(EDV):* das Default betreffend, ihm entsprechend: diese Funktion ist defaultmäßig ausgeschaltet.

de|pri ⟨*indeklinables Adjektiv*⟩ [kurz für: deprimiert, deprimieren] *(umgangssprachlich):* in gedrückter Stimmung, niedergeschlagen; depressiv: depri drauf sein; total depri sein.

De|si|g|ner-Out|let, De|si|g|ner|out|let [...aʊtlet], *das:* Direktverkaufsstelle einer oder mehrerer Designerfirmen.

Di|a|ler [ˈdaɪələ], *der; -s, -* [englisch dialer, zu: to dial = wählen] *(EDV):* Computerprogramm, das eine Telefonverbindung zum Internet oder anderen Netzwerken herstellt.

Di|gi|tal|fern|se|hen, *das:* Fernsehen, bei dem die Sendungen mithilfe der Digitaltechnik übertragen werden: Digitalfernsehen empfangen.

Di|gi|tal Na|tive [ˈdɪdʒɪtl̩ ˈneɪtɪv], *der; - -s, - -s:* Person, die mit digitalen Technologien aufgewachsen und in ihrer Benutzung geübt ist.

Dis|clai|mer [dɪsˈkleɪmɐ], *der; -s, - (besonders EDV):* Erklärung, in der sich jemand (besonders der Inhaber einer Website) von bestimmten Inhalten (besonders den Inhalten fremder, aber mit der eigenen Website verlinkter Websites) distanziert.

D

Dis|po, *der; -s, -s (salopp):* kurz für Dispositionskredit: **knietief im Dispo sein/stecken** (seinen Dispositionskredit sehr stark in Anspruch nehmen, ein deutliches Minus auf dem Konto haben): ich kann dir nichts leihen, ich bin selbst knietief im Dispo.

dis|sen ⟨*schwaches Verb; hat*⟩ [amerikanisch umgangssprachlich to diss = herabsetzen, beschimpfen, zu englisch dis- = eine Verneinung, ein Nicht-vorhanden-Sein, das Gegenteil ausdrückendes Präfix < lateinisch dis-, (Dis-)] *(Jargon):* (besonders in der Sprache der Rapper) verächtlich machen, schmähen: die Rivalin dissen.

Do|nut, Doughnut [ˈdoʊnat, *auch:* ˈdoːnat], *der; -s, -s* [amerikanisch donut, englisch doughnut, aus: dough = Teig und nut = Nuss]: ringförmiges, in schwimmendem Fett gebackenes, süßes Hefegebäckstück.

Do|sen|pfand, *das* ⟨*ohne Plural*⟩ *(umgangssprachlich):* Pfand, das auf Getränkedosen und Einwegflaschen erhoben wird: das lang umstrittene Dosenpfand.

Down|load [ˈdaʊnloʊd], *der, selten das; -s, -s* [englisch download (downloaden)] *(EDV):* **1.** das Herunterladen. **2.** Software, Datei o. Ä., die von einem Server heruntergeladen werden kann oder heruntergeladen wurde: wo findet man die neuesten Downloads?; geben Sie an, in welchem Verzeichnis Sie Ihre Downloads speichern wollen.

down|shif|ten [ˈdaʊnʃɪftn̩] ⟨*schwaches Verb; hat*⟩ *(bildungssprachlich):* (besonders im Berufsleben) sich mäßigen, zur Ruhe kommen, entspannen und dadurch bewusst auf Aufstieg, Konsum und Luxus o. Ä. verzichten.

Dress|code, Dress-Code [ˈdrɛskoʊd], *der* [englisch dress

code, aus: dress (Dress) und code = (Verhaltens)kodex,
Code]: Kleiderordnung (z. B. bei der Arbeit, bei Veranstal-
tungen, Partys usw.).

Drop-down-Me|nü [...'daun...], *das* [englisch drop-down
menu, aus: drop-down = sich heruntersenkend, Sink- und
menu (Menü)] *(EDV):* Auswahlfenster, das sich unterhalb
des Mauszeigers oder einer Menüleiste öffnet.

Drop-out-Ra|te, Drop|out|ra|te, Drop|out-Ra|te ['drɔp-
|autra:tə], *die (besonders österreichisch):* Anteil derjenigen,
die etwas abbrechen, mit etwas aufhören.

Druck|raum, *der (Jargon):* Drogenkonsumraum.

Dschi|had, *der;* - [arabisch ǧihād = zielgerichtetes Mühen]: oft
als »Heiliger Krieg« bezeichneter, zu den muslimischen
Grundpflichten gehörender Kampf der Muslime zur Vertei-
digung und Verbreitung des Islams: großer Dschihad (reli-
giöse und ethische Pflicht zur Selbstbeherrschung und
Selbstvervollkommnung).

Du|del|funk, *der (umgangssprachlich abwertend):* Radiosen-
der, in dem immer nur die gängigsten Schlager gespielt werden.

Dun|kel|re|s|tau|rant, *das:* Restaurant in einem völlig abge-
dunkelten Raum, in dem sich sowohl das Personal als auch
die Gäste ohne die Hilfe der Augen orientieren müssen.

durch|kli|cken, *sich ⟨schwaches Verb; hat⟩ (EDV):* die Maus-
taste so oft klickend betätigen, bis das gewünschte Inter-
netangebot aufgefunden ist: sich mühsam durchklicken; ich
klickte mich durch.

durch|re|gie|ren ⟨*schwaches Verb; hat⟩:* sehr konsequent,
ohne Rücksicht auf Widerstände und alle Maßnahmen ent-
schlossen durchsetzend regieren.

E

E-Banking [ˈiːbæŋkɪŋ], *das; -[s]:* ↑ Electronic Banking.

E-Book [ˈiːbʊk], *das; -[s], -s* [englisch e-book, Kurzwort aus: electronic **book,** (Electronic Book)]: Electronic Book.

Ef|fi|zi|enz|klas|se, *die:* Klasse, Kategorie, der ein Elektrogerät, Fahrzeug oder Gebäude aufgrund seines Energieverbrauchs zugeordnet wird.

Ego-Goo|geln, *das; -s* [zu Ego und googeln] *(umgangssprachlich):* gezielte Suche nach dem eigenen Namen im Internet mithilfe der Suchmaschine Google®: Ego-Googeln ist zu einer Art Volkssport geworden.

Ehe|schein, *der (schweizerisch):* Heiratsurkunde.

Eh|ren|mord, *der:* Mord, der verübt wird, um jemandes Ehre, besonders die der eigenen Familie, wiederherzustellen.

Ei|gen|ge|wächs, *das:* aus eigenem Anbau, eigener Züchtung stammendes Gewächs: die Kellerei stellt ihren Sekt nur aus Eigengewächsen (aus Weinen, die von eigenen Weinbergen stammen) her; das Münchner Eigengewächs (der aus dem Münchner Nachwuchs stammende Spieler).

● **Ein|bür|ge|rungs|test,** *der:* behördliche Prüfung, die von Personen abgelegt wird, die eingebürgert werden wollen.

Ein-Eu|ro-Job, Ein|eu|ro|job, *der* (mit Ziffer: 1-Euro-Job): einfache Tätigkeit, die ein Arbeitsloser übernehmen soll und für die er eine geringe Entschädigung (zusätzlich zu seinem Arbeitslosengeld) bekommt.

Ein|kaufs|mei|le, *die:* Hauptgeschäftsstraße [in größeren Städten]: eine noble, teure Einkaufsmeile.

Seit 1. 9. 2008 gibt es in Deutschland einen **Einbürgerungstest;** wer die deutsche Staatsangehörigkeit beantragt, muss seither staatsbürgerliche Kenntnisse nachweisen. Ausnahme: Personen, die einen deutschen Schulabschluss erworben haben. Prüfstellen sind die Volkshochschulen. Bei Prüfungsbeginn erhält jeder Teilnehmer einen amtlich zugelassenen Fragebogen mit insgesamt 33 Fragen, für deren Beantwortung 60 Minuten zur Verfügung stehen. Wenn mindestens 17 der 33 Fragen richtig beantwortet sind, ist der Test bestanden. Bewerber, die weniger als 17 Fragen richtig beantwortet haben, können den Test wiederholen.

ein|prei|sen ⟨*schwaches Verb; hat*⟩ *(besonders Börsenwesen)*: [Aussicht auf Gewinne oder Verluste] beim Bestimmen der Preis- bzw. Kurshöhe mit berücksichtigen: die Börse, der Markt hat die erwartete Konjunkturbelebung bereits [in die Kurse] eingepreist; der Gewinnrückgang des Unternehmens ist in den/dem Aktienkurs noch nicht eingepreist.

Ein|spei|se|ver|gü|tung, *die:* Vergütung, die jemand für das Einspeisen von aus erneuerbaren Energien gewonnenem Strom in das öffentliche Stromnetz bekommt.

Eis|cru|sher [...krʌʃɐ], *der; -s, -* [englisch ice-crusher, zu: ice = Eis und to crush = zerstoßen]: Gerät zum Zerstoßen oder Zermahlen von Eiswürfeln: ein elektrischer Eiscrusher.

E-Lear|ning [ˈiːləːnɪŋ], *das; -[s]:* ↑ Electronic Learning.

Elec|t|ro|nic Ban|king [ɪlɛkˈtrɔnɪk ˈbæŋkɪŋ], *das; - -[s]* [englisch electronic banking, aus: electronic = elektronisch und banking, (Banking)]: Zahlungs- und Bankverkehr, der von den Kunden elektronisch abgewickelt wird.

Elec|t|ro|nic Lear|ning [ɪlɛkˈtrɔnɪk ˈləːnɪŋ], *das; - -[s]* [englisch electronic learning = elektronisches Lernen, aus: electronic = elektronisch u. learning = das Lernen]: computergestütztes Lernen, bei dem Schüler und Lehrer räumlich getrennt voneinander sind und vor allem über das Internet in Kontakt stehen.

Elec|t|ro|nic Book [ɪlɛkˈtrɔnɪk ˈbʊk], *das; - -[s], - -s* [englisch electronic book, aus: electronic = elektronisch und book = Buch]: **1.** tragbares digitales Lesegerät in Buchformat, in das Texte aus dem Internet übernommen werden können. **2.** in digitalisierter Form vorliegender Inhalt eines Buches, der mithilfe des Electronic Books gelesen werden kann.

El Kai|da [*auch:* - ˈkaːida], *die; - -* ⟨*meist ohne Artikel*⟩ [arabisch el-qāʼida = die Basis]: weltweit operierende islamistische Terrororganisation.

E̱l|tern|geld, *das:* für eine bestimmte Zeit gewährte finanzielle staatliche Zuwendung an Mütter oder Väter, die nicht oder nur teilweise erwerbstätig sind und sich der Betreuung und Erziehung ihres neugeborenen Kindes widmen.

E̱l|tern|teil|zeit, *die (Amtssprache):* Teilzeitarbeit während der Elternzeit.

E̱l|tern|zeit, *die (Amtssprache):* berufliche Freistellung (mit Kündigungsschutz), die Mütter oder Väter, nach der Geburt eines Kindes für dessen Betreuung beanspruchen können.

E-Mail-Wurm, *der (EDV):* Computervirus, der sich als Anhang von E-Mails über Netzwerke selbstständig verbreitet.

● **Emis|si|o̱ns|han|del,** *der:* kurz für Emissionsrechtehandel.

Seit 1. 1. 2005 werden in der EU als Maßnahme des Klimaschutzes Emissionsrechte gehandelt. Die Staaten legen dafür Emissionsobergrenzen für alle Unternehmen schadstoffintensiver Industrien fest und vergeben Zertifikate, die am Ende jeder Handelsperiode verrechnet werden. Die Teilnehmer am **Emissionshandel** dürfen die ihnen zugewiesene Menge an Emissionen entweder selbst aufbrauchen oder mit Teilen davon handeln. Stoßen sie weniger Treibhausgase aus als vorgesehen, können sie CO_2-Zertifikate verkaufen, stoßen sie mehr aus, müssen sie zusätzliche Zertifikate kaufen.

Ener|gie|aus|weis *der:* amtliches Dokument, das die für den Energieverbrauch eines Gebäudes bedeutsamen Daten enthält.

Ener|gie|pass, *der:* ↑ Energieausweis.

ent|ler|nen 〈*schwaches Verb; hat*〉 *(Psychologie):* etwas Erlerntes, Gewusstes, Gekonntes bewusst vergessen, um dadurch die Kapazität und die Offenheit zu haben, Neues zu lernen.

ent|pa|cken 〈*schwaches Verb; hat*〉 *(EDV):* (eine komprimierte Datei) wieder in ihre Ausgangsform bringen.

ent|schleu|ni|gen 〈*schwaches Verb; hat*〉: eine [sich bisher ständig beschleunigende] Entwicklung, eine Tätigkeit o. Ä. gezielt verlangsamen: sein Leben, die Finanzmärkte entschleunigen.

Ent|sor|ger, *der; -s, -:* Person oder Firma, die etwas entsorgt, sich mit der Entsorgung von etwas befasst.

E-Pass, *der:* Reisepass mit einem Chip zur Speicherung biometrischer Daten.

EQ [eːˈkuː, *auch:* iːˈkjuː:], *der; -[s], -[s]* [Abkürzung für **E**moti**onsintelligenzq**uotient, in den 1990er-Jahren von dem amerikanischen Psychologen und Publizisten Daniel Goleman eingeführt]: Maß für die Fähigkeit eines Menschen, seine eigenen Gefühle und die Gefühle anderer Menschen wahrzunehmen und zu verstehen und mit ihnen der jeweiligen Situation angepasst umzugehen.

er|geb|nis|of|fen 〈*Adjektiv*〉: nicht von vornherein auf ein bestimmtes zu erzielendes Ergebnis festgelegt: ergebnisoffene Beratungen, Verhandlungen; ergebnisoffen diskutieren.

Ether|net [*auch:* ˈiːθɐnɛt], *das; -[s]* [zu englisch ether = Äther und network, (Network)] *(EDV):* Datennetz für [lokale] Netzwerke.

EU-Er|wei|te|rung, *die:* Erweiterung der Europäischen Union.

EUFOR, Eu|for, *die;* - [englisch; Kurzwort für **Eu**ropean **For**ce]: *internationale Truppe unter EU-Führung in Bosnien und Herzegowina.*

● **Eu|ro|land,** *-s, auch: das; -[e]s:* **1.** An der Europäischen Währungsunion teilnehmende Staatengruppe. **2.** Ein Staat, der an der Europäischen Währungsunion teilnimmt.

eu|ro|skep|tisch ⟨*Adjektiv*⟩ *(Politikjargon):* gegenüber der Europäischen Union skeptisch eingestellt: euroskeptische Bürger, Parteien; die Briten gelten traditionell als euroskeptisch.

Event|gas|t|ro|no|mie, *die:* gastronomischer Betrieb, in dem die Gäste im Verlauf der Mahlzeit mit künstlerischen Darbietungen unterhalten werden.

ex|ter|mi|na|to|risch ⟨*Adjektiv*⟩ *(bildungssprachlich):* auf völlige Vernichtung ausgerichtet.

Der Euro ist seit 1. 1. 2002 gesetzliches Barzahlungsmittel in den Mitgliedstaaten der Eurozone und in den europäischen Kleinstaaten Andorra, Monaco, San Marino, Vatikanstadt, in denen vorher die italienische Lira bzw. der französische Franc und die spanische Peseta umliefen, sowie in einigen Überseegebieten, die enge Beziehungen zu Frankreich und den Niederlanden unterhalten (u. a. Guadeloupe, Martinique, St. Martin); im Kosovo und in Montenegro wurde die D-Mark als offizielles Zahlungsmittel durch den Euro ersetzt. Zunächst waren es zwölf Staaten, die die EU-Konvergenzkriterien erfüllten und damit zum **Euroland** gehörten: Belgien, Deutschland, Finnland, Frankreich, Griechenland, Irland, Italien, Luxemburg, Niederlande, Österreich, Portugal und Spanien. Slowenien konnte 2007, Malta und Zypern konnten 2008 den Euro als Währung einführen, die Slowakei 2009 und Estland 2011.

F

fa|ken ['feɪkn̩] ⟨schwaches Verb; hat⟩ (umgangssprachlich): **a)** Informationen fälschen oder übertreiben darstellen; **b)** unter falschem Namen auftreten [im Internet].

Fa|la|fel [auch: faˈlaːfl̩], die; -, -n, auch: das; -s, -s [arabisch falāfel, zu: filfil = Pfeffer] (Kochkunst): pikant gewürztes, frittiertes Bällchen aus gemahlenen Kichererbsen und Linsen.

Fall|ma|na|ger, der: persönlicher Berater für Arbeitslose.

Fall|ma|na|ge|rin, die: weibliche Form zu Fallmanager.

●**Fan|mei|le** ['fɛn...], die: meist breite, lang gestreckte Straße o. Ä., auf der sich in großer Zahl Sportfans zusammenfinden, besonders um Fernsehübertragungen von Sportereignissen auf Großbildleinwänden anzusehen.

Im Sommer 2006 war in Deutschland »die Welt zu Gast bei Freunden« – so das offizielle Motto der Fußballweltmeisterschaft. Um Fans, die keine Eintrittskarten zu den Stadien bekommen hatten, zumindest mittelbar bei den Spielen dabei sein zu lassen, wurden die **Fanmeilen** eingerichtet. Die Notlösung entwickelte schnell einen eigenen Reiz und das gemeinsame öffentliche Fußballgucken – Public Viewing genannt – erfreute sich ebenso schnell großer Beliebtheit. Hunderttausende Fußballbegeisterte aus aller Welt feierten in entspannt-friedlicher Atmosphäre ihre Mannschaften, den Fußball, vor allem aber sich selbst.
Fanmeilen gab es u. a. in Berlin, Hamburg, München, Gelsenkirchen, Dortmund, Leipzig, Köln und Frankfurt am Main.

FAQ [ɛf|eɪˈkjuː, *auch:* fak], *die; -, -s* [englisch, aus: frequently **a**sked **q**uestions] *(EDV):* Zusammenstellung von Informationen zu besonders häufig gestellten Fragen, häufig auftretenden Problemen (z. B. bei Gebrauchsanweisungen oder auf einer Homepage).

fehl|er|näh|ren ⟨*schwaches Verb; hat; nur im Infinitiv u. im 2. Partizip*⟩: falsch ernähren: fehlernährte Babys.

Fein|staub|be|las|tung, *die (besonders Fachsprache):* Belastung mit Feinstaub.

Fein|staub|pla|ket|te, *die:* Plakette, die ein Kraftfahrzeug mit einem bestimmten [geringen] Ausstoß von Feinstaub kennzeichnet.

Fern|be|zie|hung, *die:* Lebensgemeinschaft von Personen, die an unterschiedlichen Orten wohnen: eine glückliche Fernbeziehung führen.

Fett|ab|sau|gung, *die; -, -en:* das [medizinische] Absaugen von Fettgewebe.

Fin|ger|food, Fin|ger-Food [ˈfɪŋɡɐfuːd], *das; -[s]* [englisch finger food, zu finger = Finger und food = Essen, Nahrung]: Gesamtheit der Speisen, die so zubereitet sind, dass sie [auf Partys oder Empfängen] ohne Besteck [mit den Fingern] zum Mund geführt werden können: es wurde nur Fingerfood angeboten, gereicht.

Flach|bild|schirm, *der (EDV, Fernsehen):* Bildschirm eines Fernsehgeräts, Personal Computers o. Ä. von sehr geringer Tiefe.

Flag|ship-Store, Flag|ship|store [ˈflægʃɪpstɔ:], *der; -s, -s* [aus englisch flagship = Flaggschiff; (in Zusammensetzungen:) führend und store = Geschäft, Laden]: repräsentatives Geschäft einer Kette, das durch Produkte, Design und Service die hinter der Marke stehende Philosophie vermitteln soll.

fla|shen [ˈflɛʃn] ⟨*schwaches Verb; hat*⟩ [englisch to flash]: **1.** *(Musikjargon)* begeistern: mit seiner Musik flashte er das

27

Publikum. **2.** *(EDV)* ROM-gespeicherte Software überschreiben.

Flat|rate, *die; -, -s,* **Flat Rate,** *die; - -, - -s* [ˈflɛtreɪt; englisch flat rate, aus: flat (Flatfee) und rate = Tarif, Satz, über das Altfranzösische zu mittellateinisch rata, (Rate)]: [geringer] monatlicher Pauschalpreis für die Nutzung von Internet und/oder Telefon.

fluf|fig ⟨*Adjektiv*⟩ [eindeutschend für englisch fluffy = leicht, locker, luftig] *(umgangssprachlich):* leicht und luftig: ein fluffiges Gebäck; fluffige Federboas.

Flur|funk, *der (Jargon):* inoffizielle Weitergabe von Informationen, besonders innerhalb von Unternehmen und Behörden: der Flurfunk schlägt mal wieder Wellen; Kommunikation via Flurfunk; das Neueste erfahren wir immer nur über den Flurfunk.

For|mat|fern|se|hen, *das:* Fernsehen mit einem konsequent auf eine bestimmte Zielgruppe ausgerichteten Programm.

Fo|to|han|dy, *das:* Handy mit integrierter Fotokamera.

Frau|en|ver|ste|her, *der (umgangssprachlich scherzhaft oder ironisch):* Mann, der sich Frauen gegenüber sehr einfühlsam und verständnisvoll gibt.

Frei|sprech|an|la|ge, *die:* (meist im Auto) technische Einrichtung für ein Handy, die ein freihändiges Telefonieren ermöglicht.

fremd|schä|men, *sich* ⟨*schwaches Verb; hat*⟩ *(umgangssprachlich):* sich stellvertretend für andere, für deren als peinlich empfundenes Auftreten schämen: ich konnte mir seine Darbietung nicht ansehen, ohne mich fremdzuschämen.

Fried|wald®**,** *der* [gebildet nach Friedhof]: als Friedhof genutzter Wald, in dem Verstorbene unter persönlich ausgewählten Bäumen in Urnen bestattet werden: eine Bestattung im Friedwald.

Friend|ly Fire [ˈfrɛndlɪ ˈfaɪ̯ɐ], *das; - -[s], - -s* [englisch friendly fire, aus: friendly = zu den eigenen oder den verbündeten

Truppen gehörend und fire = Feuer] *(Militär):* versehentlicher Beschuss durch eigene Truppen.

Früh|bu|cher|ra|batt, *der (Touristik):* Preisnachlass bei frühzeitigem Buchen von Dienstleistungen, z. B. einer Reise: einen Frühbucherrabatt gewähren.

Fund|rai|sing, Fund-Rai|sing ['fandreɪzɪŋ], *das; -[s], -s* [englisch fund-raising, zu: fund-raiser, (Fundraiser)]: das Beschaffen von Spendengeldern, besonders für wohltätige Zwecke.

Funk|ti|ons|klei|dung, *die:* Kleidung aus atmungsaktivem, Wasser abweisendem und den Schweiß aufnehmendem Kunstfasergewebe.

Fun|sport ['fan...], *der ⟨ohne Plural⟩* [zu englisch fun, (Fun)]: unkonventioneller Sport, bei dem das Vergnügen im Vordergrund steht.

fun|zen *⟨schwaches Verb; hat⟩* [zu funktionieren (die Schreibung gibt die Aussprache des t als z wieder)] *(EDV-Jargon):* funktionieren: wie es funzt, wisst ihr ja.

G

● **Gam|mel|fleisch**, *das (umgangssprachlich abwertend):* ver-
dorbenes Fleisch.

Gangs|ta-Rap, Gangs|ta|rap [ˈɡæŋstɐræp], *der* [englisch-
amerikanisch gangsta rap, nach der Slangaussprache von:
gangster (Gangster) und rap, (Rap)]: **a)** (an der amerikanischen Westküste entstandener) Stil der Rapmusik mit
besonders aggressiven Texten; **b)** Song im Stil des Gangsta-
Rap.

Ganz|tags|kin|der|gar|ten, *der:* Kindergarten, bei dem die
Kinder ganztägig betreut werden.

Gen|der-Main|strea|ming [ˈdʒɛndɐˈmeɪnstriːmɪŋ], *das; -s*
[englisch gender mainstreaming, aus: gender = Geschlecht
und mainstreaming, zu: to mainstream = zur vorherrschen-

Der Ausdruck **Gammelfleisch** für altes, verdorbenes Fleisch war
hauptsächlich von 2005 bis 2007 in den Schlagzeilen zu finden, als
eine Welle von Lebensmittelskandalen die Verbraucher verunsi-
cherte. In diesen Jahren wurden Tausende von Tonnen verdorbenes
Geflügel- und Wildfleisch und Dönerspieße sichergestellt, deren
Haltbarkeitsdaten zum Teil seit Jahren abgelaufen, jedoch für den
Verkauf umdeklariert worden waren. Das Fleisch war in fast alle
Bundesländer, nach Österreich, Italien und Frankreich verkauft
und auch zum Teil verzehrt worden. Die Skandale riefen heftige
Kritik an der Qualität der Lebensmittelkontrollen, der Verteilung
der diesbezüglichen Kompetenzen zwischen Bund und Ländern so-
wie der mangelhaften Strafverfolgung krimineller Geschäftema-
cher hervor.

den Richtung machen]: Verwirklichung der Gleichstellung von Mann und Frau unter Berücksichtigung der geschlechtsspezifischen Lebensbedingungen und Interessen.

Gen|mais, *der* [Kurzwort aus **gen**technisch veränderter **Mais**]: durch Genmanipulation veränderter Mais.

Get-to|ge|ther [ˈgɛttuˈgɛðɐ], *das; -[s], -s* [englisch get-together, substantiviert aus: to get together = zusammenkommen]: geselliges Treffen im Zusammenhang mit Veranstaltungen wie z. B. Messen oder Tagungen: das sogenannte Get-together der Medientage; am ersten Messeabend trifft sich die Branche bei einem Get-together.

Gi|ga|li|ner [...lai̯...], *der; -s, -* [zu Liner]: besonders langer und schwerer Lastkraftwagen.

Glo|ba|li|sie|rung, *die; -, -en:* **a)** das Globalisieren; das Globalisiertwerden: die Gobalisierung einer Seuche, der Armut; **b)** ⟨*meist ohne Plural*⟩ weltweite Verflechtung in den Bereichen Wirtschaft, Politik, Kultur u. a.: die Gobalisierung der Finanzmärkte, der Wirtschaft; das Zeitalter der Globalisierung.

goo|geln [ˈguːgl̩n] ⟨*schwaches Verb; hat*⟩ [zu: Google®]: mit Google im Internet suchen, recherchieren: ich goog[e]le mal schnell; er hatte ihren Namen, nach Informationen gegoogelt.

Got|tes|krie|ger, *der* ⟨*meist Plural*⟩ *(emotional abwertend):* jemand, der kriegerische, terroristische Handlungen begeht, um religiöse, meist islamistische Ziele zu verfolgen, und seinem Glauben nach dafür im Jenseits belohnt wird.

GPS [dʒiːpiːˈʔɛs, *auch:* geː...], *das; -* [Abkürzung von **G**lobal **P**ositioning **S**ystem (= weltumspannendes Ortungssystem)]: auf Signalen von Satelliten beruhendes, weltweit funktionierendes Hilfsmittel zur exakten Navigation oder Ortsbestimmung: das Fahrzeug verfügt über GPS, ist mit GPS ausgestattet.

grenz|de|bil ⟨*Adjektiv*⟩ *(salopp):* von schwacher, nicht zureichender Intelligenz [zeugend].

Groß|bild|lein|wand, *die:* [an öffentlich zugänglichen Orten aufgestellte] großformatige Projektionswand für Filme, Fernsehsendungen etc.

grot|ten|schlecht ⟨*Adjektiv*⟩ *(salopp):* äußerst schlecht.

Ground Ze|ro [ˈɡraʊnd ˈzɪərəʊ], *der, auch: das; - -s* [englisch ground zero, eigentlich = [Boden]nullpunkt, aus: ground = Boden und zero = Null; ursprünglich amerikanische Bezeichnung für den Punkt, über dem die erste Atombombe explodierte]: nach dem Terroranschlag vom 11. 9. 2001 aufgekommene Bezeichnung für das Gelände in New York, auf dem das zerstörte World Trade Center stand.

Gut|ha|ben|kar|te, *die:* Chipkarte, auf die ein bestimmtes Guthaben geladen werden kann.

Gut|mensch, *der (meist abwertend oder ironisch):* [naiver] Mensch, der sich in einer als unkritisch, übertrieben, nervtötend o. ä. empfundenen Weise im Sinne der Political Correctness verhält, sich für die Political Correctness einsetzt.

G-7-Staat, G7-Staat [ɡeːˈziːbn̩...], *der* ⟨*meist Plural*⟩ [G 7 = Abkürzung für: die **G**roßen **7** (englisch The **G**reat **7**)]: Staat der Siebenergruppe (Vereinigung der sieben wichtigsten westlichen Wirtschaftsnationen, das sind Deutschland, Frankreich, Großbritannien, Italien, Japan, Kanada und die USA).

H

Ha|cken|por|sche, *der; -s, - und -s (scherzhaft):* Einkaufsroller.

Hack|ler|re|ge|lung [aus ostösterreichisch Hackler = Arbeiter und Regelung] *(österreichisch):* Pensionsbestimmung, nach der Menschen mit langer Versicherungszeit ohne Abschläge vorzeitig in Pension gehen können.

Hal|li|gal|li, Hully-Gully, *das, (selten:) der; -[s] (umgangssprachlich):* fröhliches, lärmendes Treiben; ausgelassene Stimmung: wenn dort Halligalli ist, gehe ich hin.

han|dy|frei ⟨Adjektiv⟩: die Benutzung von Handys nicht erlaubend: handyfreie Zonen (Zonen, in denen das Handy nicht benutzt werden darf).

Hass|pre|di|ger, *der:* jemand, der in seiner Funktion als Prediger zu Hass und Gewalt aufruft.

HDTV [haːdeːteːˈfau], *das; -[s]* [Abkürzung für englisch high definition television]: Fernsehsystem, das ein hochauflösendes Fernsehbild ermöglicht.

Head|ban|ging [ˈhɛdbɛŋɪŋ], *das; -s* [zu englisch headbanger = Verrückter, eigentlich jemand, der seinen Kopf ruckartig bewegt]: heftige rhythmische Kopfbewegung (besonders bei stark rhythmisierter Musik).

● **Hedge|fonds** [ˈhɛdʒfõː], *der* [englisch hedge fund, aus: to hedge = einhegen, einzäunen, absichern und fund = Fonds] *(Bankwesen):* Investmentfonds mit hochspekulativer Anlagestrategie.

Herd|prä|mie, *die (umgangssprachlich abwertend):* Erziehungsgehalt.

Herz|kas|per, *der (umgangssprachlich):* Herzanfall: einen Herzkasper kriegen, bekommen.

Mit dem sog. Investmentmodernisierungsgesetz, das am 1.1. 2004 in Kraft trat, wurden in Deutschland erstmals **Hedgefonds** zugelassen. Diese Investmentfonds erwirtschaften ihre Erträge oft mithilfe derivativer Finanzinstrumente wie Optionen und Futures und arbeiten in vielen Fällen kreditfinanziert. Daher gelten sie auch als sehr riskante Anlageform. Zur Begrenzung des Risikos können Privatanleger nur Dachfonds wählen, die ihrerseits in verschiedene Hedgefonds investieren dürfen oder Einzelfonds auf dem Wege der Privatplatzierung erwerben.

Heu|schre|cken|ka|pi|ta|lis|mus, *der* [von dem deutschen Politiker Franz Müntefering (* 1940) geprägtes politisches Schlagwort mit Bezug auf Heuschreckenplagen und die daraus folgenden Verwüstungen] *(umgangssprachlich abwertend):* (besonders von internationalen Finanzinvestoren betriebene, oft den Verlust von Arbeitsplätzen mit sich bringende) Strategie, in Unternehmen zu investieren, sie rasch (z. B. durch Verlagerung der Produktion in Niedriglohnländer) profitabel zu machen und dadurch möglichst hohe Gewinne für den Investor zu erzielen.

high|ligh|ten ['hạịlaịtn̩] ⟨*schwaches Verb; hat*⟩ *(EDV):* auf einem Bildschirm optisch (z. B. durch Unterlegung einer Kontrastfarbe) hervorheben: alle Textsegmente können mit Mausklick gehighlightet werden.

Hip|po|the|ra|pie [*auch:* ...'pi:], *die (Medizin):* Therapie, bei der bestimmte körperliche Schäden, Behinderungen durch therapeutisches Reiten behandelt werden.

hiṛ|nen ⟨*schwaches Verb; hat*⟩ *(schweizerisch):* nachdenken.

Hoax [hoʊks], *der; -, -es* [...ksɪs] [englisch hoax = Schwindel, Streich, zusammengezogen aus: hocus(-pocus), (Hokuspokus)]: durch E-Mail verbreitete Falschmeldung.

hoch|ko|chen ⟨*schwaches Verb; ist*⟩: (von Emotionen) sich mit Heftigkeit entwickeln.

Hot|spot, *der; -s, -s,* **Hot Spot,** *der; - -s, - -s* [...spɔt; englisch hot spot, eigentlich = heiße Stelle, aus: hot = heiß und spot = Stelle]: **1.** *(Biologie)* einzelne Stelle oder Bereich eines Gens, an dem besonders häufig Mutationen auftreten. **2.** *(Geologie)* hypothetisch begrenzte Schmelzregion im Erdmantel unterhalb der Lithosphäre. **3.** *(EDV)* grafisch oder farblich hervorgehobener Punkt oder Text auf einer Bildschirmseite, der einen Link markiert.

Hüft|gold, *das (umgangssprachlich scherzhaft):* Hüftspeck.

hy|per|ak|tiv ⟨*Adjektiv*⟩: **a)** *(besonders Medizin, Psychologie, Pädagogik)* an Hyperaktivität leidend: Hirntraining für hyperaktive Kinder; **b)** hektisch, unruhig, in ständiger Bewegung: hyperaktive Manager.

H

Ich-AG, *die; -, -s:* von einer arbeitslosen Person gegründetes kleines Unternehmen, das befristet staatliche Zuschüsse bekommt.

In|fo|brief, *der:* **1.** (regelmäßig erstellter) Brief mit Informationen für einen bestimmten Adressatenkreis. **2.** *(Postwesen)* gedruckter oder maschinell geschriebener, in mindestens 50 Exemplaren versandter Brief, für den niedrigeres Porto zu zahlen ist.

In|fo|post, *die (Postwesen):* in Mengen verschickte, gedruckte oder maschinell geschriebene, inhaltlich [fast] identische Postsendungen *(z. B. Kataloge);* Massendrucksachen.

In|for|ma|ti|ons|ge|sell|schaft, *die (Soziologie):* Gesellschaft, die durch die Fülle der Informationsmöglichkeiten mithilfe der modernen Medien geprägt ist.

● **In|si|der|han|del,** *der (Börsenwesen):* Insidergeschäft: Insiderhandel betreiben; jmdm. Insiderhandel vorwerfen.

In|te|gra|ti|ons|gip|fel, *der (Politikjargon):* Gipfeltreffen zur Erörterung von Fragen der Integration.

in|ter|kul|tu|rell ⟨*Adjektiv*⟩ *(bildungssprachlich):* die Beziehungen zwischen verschiedenen Kulturen betreffend; verschiedene Kulturen umfassend, verbindend: interkulturelle Begegnungen, Beziehungen.

in|ter|net|af|fin ⟨*Adjektiv*⟩ *(bildungssprachlich):* das Internet oft und gern nutzend.

In|ter|net|auk|ti|on, *die:* mithilfe des Internets durchgeführte Auktion.

In|ter|net|te|le|fo|nie, *die:* Telefonieren mithilfe des Internets.

Insiderhandel, also Geschäfte, bei denen Investoren ihnen zugängliche Insiderinformationen nutzen, um daraus wirtschaftliche Vorteile zu ziehen, ist in Deutschland generell verboten. Niemand darf einem anderen eine Insiderinformation unbefugt mitteilen oder zugänglich machen, unter Verwendung einer Insiderinformation Insiderpapiere für eigene oder fremde Rechnung erwerben oder veräußern, einem anderen auf der Grundlage einer Insiderinformation den Erwerb oder die Veräußerung von Insiderpapieren empfehlen oder einen anderen auf sonstige Weise dazu verleiten. Als Insiderinformation gelten konkrete Informationen über nicht öffentlich bekannte Umstände, die geeignet sind, im Falle ihres Bekanntwerdens den Börsen- oder Marktpreis der Insiderpapiere erheblich zu beeinflussen.

I

In|tim|schmuck, *der:* an den Geschlechtsteilen getragener, meist durch Piercing befestigter Schmuck.

in|ves|ti|ga|tiv ⟨*Adjektiv*⟩ [englisch investigative = Enthüllungs-, Forschungs-] *(bildungssprachlich):* nachforschend, ausforschend; enthüllend, aufdeckend: investigativer Journalismus.

Is|la|mo|pho|bie, *die;* - [Phobie] *(bildungssprachlich):* Abneigung gegen den Islam [und seine Anhänger]; negative, feindliche Einstellung gegenüber Muslimen.

ISS [iːɛsˈlɛs, englisch: ˈaɪəsəs], *die;* - [Abkürzung für englisch **I**nternational **S**pace **S**tation = internationale Raumstation]: Name einer bemannten internationalen Raumstation.

It-Girl, *das; -s, -s* [englisch it girl, geprägt von der amerikanischen Drehbuchautorin E. Glyn mit Bezug auf die amerikanische Schauspielerin C. Bow, die ihren Ruf als Sexsymbol durch den 1927 gedrehten Film »It« begründete]: junge oder jüngere Frau, die durch ihr häufiges öffentliches Auftreten in Gesellschaft prominenter Personen und ihre starke Medienpräsenz einer breiten Öffentlichkeit bekannt ist.

J

Jahr|hun|dert|som|mer, *der (emotional verstärkend):* beson-
ders heißer und trockener Sommer: der Jahrhundertsommer
2003.

je|de|frau ⟨*Indefinitpronomen und unbestimmtes Zahlwort;
nur allein stehend*⟩ [gebildet nach jedermann]: *besonders im
feministischen Sprachgebrauch, sonst oft scherzhaft für
jedermann, besonders wenn [ausschließlich] Frauen gemeint
sind oder besonders hervorgehoben werden sollen:* Kleidung
für jedermann und jedefrau.

● **Job|cen|ter, Job-Cen|ter,** *das:* aus einem Zusammenschluss
von Arbeitsagenturen und Sozialämtern bestehende Einrichtung zur Betreuung von Arbeitslosengeld-II-Empfän-
ger[inne]n.

Ju|ni|or|pro|fes|sur, *die (Hochschulwesen):* Professur an einer
Hochschule, die jüngeren Wissenschaftlerinnen und Wis-
senschaftlern ohne Habilitation eine akademische Lauf-
bahn ermöglichen soll: das Modell der Juniorprofessur ist
umstritten.

Die Einrichtung von **Jobcentern** durch die Agenturen für Arbeit
seit 2004 ist eine Folge der Zusammenlegung von Arbeitslosengeld
und Sozialhilfe für alle erwerbsfähigen Arbeitslosen. Im Gegensatz
zu früher haben Arbeits- und Ausbildungsplatzsuchende mit dem
Jobcenter nur noch einen Ansprechpartner für die Vermittlung in
Beschäftigungsverhältnisse, hier werden sie von Fallmanagern in-
formiert, ihr Beratungs- und Betreuungsbedarf wird ermittelt und
Eingliederungsschritte werden verbindlich vereinbart.

K

Kauf|zu|rück|hal|tung, *die:* Zurückhaltung beim Kaufen: die nach Weihnachten einsetzende Kaufzurückhaltung der Verbraucher.

Kern|ge|schäft, *das:* wichtigster, zentraler geschäftlicher Bereich; Geschäftsfeld, auf das sich ein Unternehmen o. Ä. spezialisiert.

Kil|ler|ap|pli|ka|ti|on, *die* [nach gleichbedeutend englisch killer application, aus killer (Killer) und application = Applikation] *(EDV-Jargon):* Anwendung, die zahlreiche Nutzer bzw. Käufer findet und dadurch einer neuen Technologie zum Durchbruch verhilft: E-Mail ist die Killerapplikation des Internets.

Klapp|han|dy, *das:* Handy, das zusammengeklappt werden kann.

Kle|be|fleisch, *das; -[e]s:* aus kleineren Stücken Fleisch zusammengepresstes und -geklebtes Stück Fleisch, das den Eindruck eines gewachsenen größeren Stücks erweckt.

klein|re|den ⟨*schwaches Verb; hat*⟩: herabsetzen; herunterspielen.

Kli|ma|kil|ler, *der (umgangssprachlich):* Faktor, der erheblich zur Schädigung des Klimas beiträgt: Kohlendioxid gilt als schlimmster Klimakiller.

Kli|ma|wan|del, *der:* Wandel des Klimas: ein deutlicher, dramatischer, globaler, unaufhaltsamer, weltweiter Klimawandel; die Gefahren des Klimawandels.

Klin|gel|ton, *der:* Signal, durch das bei Telefon und Handy ein eingehender Anruf [oder eine eingehende SMS] gemeldet wird: individuelle, polyfone Klingeltöne; sich einen Klingelton aufs Handy laden.

Knopf|loch|chi|r|ur|gie, *die* [die operativ geschaffenen Öffnungen sind nur so groß wie Knopflöcher] *(Medizin):* minimalinvasive Chirurgie; Schlüssellochchirurgie.

Koi [japanisch koi = Karpfen]: als Zierfisch in vielen Farbkombinationen gezüchteter japanischer Karpfen.

Kol|la|te|ra|l|scha|den, *der* [nach englisch collateral = nebensächlich; zusätzlich] *(Militär verhüllend):* bei einer militärischen Aktion entstehender [schwererer] Schaden, der nicht beabsichtigt ist und nicht in unmittelbarem Zusammenhang mit dem Ziel der Aktion steht, aber dennoch in Kauf genommen wird.

Ko|ma|sau|fen, *das; -s (salopp):* Rauschtrinken.

Kom|pe|tenz|team, *das:* für eine bestimmte Aufgabe aus besonders geeigneten Personen zusammengestelltes Team.

Kon|junk|tur|pa|ket, *das (Politik):* größere Gesamtheit von Maßnahmen und finanziellen Hilfen zur Steigerung der Konjunktur.

Kon|sum|kli|ma, *das (Wirtschaftsjargon):* allgemeine Stimmung, Einschätzung im Hinblick auf den Konsum (in einem Land o. Ä.).

Kopf|pau|scha|le, *die (Jargon):* von allen Versicherten in gleicher Höhe zu entrichtender Beitrag zur Krankenversicherung.

Kopf|tuch|mäd|chen, *das (umgangssprachlich, meist abwertend):* aus religiösen Gründen ein Kopftuch tragendes muslimisches Mädchen.

Kopf|tuch|ver|bot, *das:* Verbot, besonders für im öffentlichen Dienst beschäftigte muslimische Frauen, während der Ausübung ihrer Tätigkeit ein Kopftuch als religiöses Symbol zu tragen.

ko|pier|ge|schützt ⟨Adjektiv⟩ *(EDV):* mit einem Kopierschutz versehen: kopiergeschützte Daten.

Kör|per|scan|ner, *der:* bei Sicherheitskontrollen eingesetztes Gerät, das den Körper und am Körper getragene Gegenstände auf einem Bildschirm [in Form eines schematisierten Bildes] anzeigt.

Kre|dit|klem|me, *die (umgangssprachlich):* **a)** Schwierigkeit, einen Kredit zu bekommen; **b)** Schwierigkeit bei der Kreditgewährung.

● **Kul|tur|haupt|stadt,** *die:* (von der EU benannte) Stadt in Europa, die für ein Jahr im Mittelpunkt des kulturellen Interesses steht.

Der Titel **Kulturhauptstadt** (1985 bis 1998: Kulturstadt) Europas wird seit 1999 jährlich von einer von der Europäischen Kommission eingesetzten Jury nach einem bestimmten Auswahlverfahren an meist mehrere Städte verliehen, um den Reichtum, die Vielfalt und die Gemeinsamkeiten des kulturellen Erbes in Europa herauszustellen und ein besseres Verständnis der Bürger Europas füreinander zu ermöglichen. Die Verleihung geht auf eine Initiative der damaligen griechischen Kulturministerin Melina Mercouri aus dem Jahr 1985 zurück.

1999: Weimar, Avignon, Bergen, Bologna, Brüssel
2000: Helsinki, Krakau, Prag, Reykjavik, Santiago de Compostela
2001: Porto, Rotterdam
2002: Salamanca, Brügge
2003: Graz
2004: Lille, Genua
2005: Cork
2006: Patras
2007: Luxemburg, Sibiu
2008: Liverpool, Stavanger
2009: Linz, Vilnius
2010: Essen, Pecs, Istanbul
2011: Turku, Tallin

K

Kun|den|kar|te, *die:* [gegen Geld erhältliche,] längere Zeit
gültige Karte, die dem Inhaber oder der Inhaberin beim
Kauf eines Produktes oder einer Dienstleistung des jeweiligen Unternehmens einen Bonus gewährt.

Ku|schel|kurs, *der (Jargon):* Schmusekurs.

Ku|schel|sex, *der (umgangssprachlich):* Sex [ohne Koitus] mit
ausgiebigem Austausch von Zärtlichkeiten.

L

La|de|sta|ti|on, *die:* zu einem mit Akkus betriebenen Gerät gehörendes Ladegerät: das Telefon liegt auf der Ladestation; die Zahnbürste nach Gebrauch wieder in die Ladestation stellen, stecken.

LAN, *das; -[s], -s, selten -* [Kurzwort für englisch **L**ocal **A**rea **N**etwork] *(EDV):* Computernetzwerk innerhalb eines räumlich begrenzten Bereichs.

LAN-Par|ty, *die:* Veranstaltung, bei der die Teilnehmenden mithilfe eines LANs gemeinsam Computerspiele spielen: eine LAN-Party veranstalten.

La|sik, LASIK®, *die; -* [Kurzwort aus **las**erassistierte **I**n-situ-**K**eratomileusis] *(Medizin):* Verfahren zur Behandlung der Kurzsichtigkeit mithilfe der Laserchirurgie.

Late-Night-Show ['leɪtnaɪtʃoʊ], *die* [englisch late-night show, aus: late-night = spät in der Nacht (stattfindend) und show, (Show)]: Veranstaltung, Unterhaltungssendung, die am späten Abend beginnt bzw. stattfindet: eine monatliche Late-Night-Show; eine Late-Night-Show moderieren.

Lat|te mac|chi|a|to [- ...'kịa:...], *der und die; - -, - -[s]* [italienisch latte macchiato, eigentlich = gefleckte Milch, aus: latte = Milch (< lateinisch lac, Genitiv: lactis) und macchiato = gefleckt, 2. Partizip von: macchiare < lateinisch maculare = gefleckt, bunt machen; beflecken, zu: macula = Fleck]: Kaffeegetränk aus heißer, aufgeschäumter Milch und Espresso, das in schmalen, hohen Gläsern serviert wird.

lat|zen ⟨*schwaches Verb; hat*⟩ [wohl zu Latz, nach dem Brustlatz der Männerhose, in dem das Geld aufbewahrt wurde] *(salopp):* bezahlen: wegen zu schnellen Fahrens muss sie ein Bußgeld latzen.

Lauf|text, *der:* **1.** *(Fernsehen)* sich auf dem Fernsehbildschirm optisch vorwärtsbewegende Schrift [als zusätzliche oder ergänzende Information]: Information per eingeblendeten Lauftext. **2.** *(Druckwesen)* Fließtext.

Le|bens|mensch, *der (besonders österreichisch):* Mensch, mit dem man durch eine besondere langjährige Beziehung verbunden ist.

Le|bens|mit|tel|punkt, *der:* Mittelpunkt, Zentrum des persönlichen Lebens, der Existenz: zurzeit ist die Familie ihr Lebensmittelpunkt; seinen Lebensmittelpunkt nach England verlegen.

●**Le|bens|part|ner|schaft,** *die (besonders Amtssprache):* eheähnliche Lebensgemeinschaft: gleichgeschlechtliche Lebenspartnerschaft; eingetragene Lebenspartnerschaft (amtlich bestätigte eheähnliche Gemeinschaft zwischen gleichgeschlechtlichen Partnern).

Leer|stand, *der:* (in Bezug auf Häuser, Wohnungen, Büros usw.) das Nichtbewohntsein, Leerstehen.

Seit dem 1. 8. 2001 können homosexuelle Paare in Deutschland eine eingetragene **Lebenspartnerschaft** eingehen. Zuvor hatte das Bundesverfassungsgericht eine Klage Bayerns, Sachsens und Thüringens abgewiesen und das Lebenspartnerschaftsgesetz für gleichgeschlechtliche Paare vom November 2000 für verfassungskonform erklärt. Auch die katholische Kirche kritisierte das Gesetz. Befürworter sehen darin einen wichtigen Schritt zur gesellschaftlichen Integration und Gleichberechtigung von Homosexuellen. Als erstes europäisches Land hatte Dänemark 1989 die gleichgeschlechtliche Lebenspartnerschaft ermöglicht.

Li|be|ra, *die; -, -s* [gebildet mit dem italienischen Suffix -a als Kennzeichnung weiblicher Ableitungen zu Libero] *(Fußball):* Abwehrspielerin ohne unmittelbare Gegenspielerin, die sich aber ins Angriffsspiel einschalten kann: unsere Libera spielte besonders souverän; die Position der Libera einnehmen.

Lie|ge|rad, *das:* Fahrrad mit einer Rahmenkonstruktion, die eine halb liegende Sitzposition erlaubt: ein aerodynamisch verkleidetes Liegerad; Liegeräder sparen Kraft.

Lkw-Maut, LKW-Maut, *die:* auf Lkws erhobene Gebühr für die Benutzung von Autobahnen.

Loa|fer ® [ˈloʊfɐ], *der; -s, -* [englisch Loafer®, eigentlich = Faulenzer, Müßiggänger, vielleicht zu deutsch mundartlich loofen = laufen]: nach dem Schnitt des Mokassins gefertigter Lederschuh mit flachem Absatz.

Log-in, Log|in [ˈlɔɡˌ|ɪn, ˈlɔɡ|ɪn], *das, auch: der; -[s], -s* [englisch login, zu: to log in = sich anmelden] *(EDV):* **1.** das Einloggen: das Log-in schlug erneut fehl. **2.** zum Einloggen erforderliches Kennwort.

Luft|gi|tar|re, *die:* nur in der Vorstellung vorhandene Gitarre, die mit typischen Bewegungen scheinbar gespielt wird: Luftgitarre spielen. Dazu: **Luft|gi|tar|rist,** *der;* **Luft|gi|tar|ris|tin,** *die.*

M N

mai|len [ˈmeɪlən] ⟨*schwaches Verb; hat*⟩ [englisch to mail, eigentlich = mit der Post senden, zu: mail, (Mailbox)]: als E-Mail senden: [jemandem] eine Nachricht mailen; hast du ihm schon gemailt?; mailst du ihr, dass wir morgen kommen?

Ma|king-of [meɪkɪŋˈɔf], *das; -[s], -s* [englisch] *(Filmjargon):* [filmischer] Bericht über die Entstehung eines Films.

Man|ga, *das oder der; -s, -[s]* [japanisch manga aus: man = bunt gemischt, kunterbunt und ga = Bild]: aus Japan stammender handlungsreicher Comic, der durch besondere grafische Effekte gekennzeichnet ist.

● **Ma|schen|draht|zaun,** *der:* Zaun aus Maschendraht.

Me|di|en|de|mo|kra|tie, *die (Politikjargon):* **a)** demokratischer Staat, in dem Medien eine bedeutende Rolle für die öffentliche Meinung spielen: in einer westlichen Mediendemokratie leben; **b)** demokratisches System, das durch die große Bedeutung der Medien geprägt ist: das Zeitalter, die Spielregeln der Mediendemokratie.

Me|mo|ry|stick ® [...stɪk], *der; -s, -s* [englisch memory stick, aus memory = Erinnerung, Gedächtnis und stick = Stock, Stab] *(EDV):* kleinformatiges digitales Speichermedium.

Men|to|ring [*auch:* ˈmɛntərɪŋ], *das; -[s], -s* [englisch mentoring, zu: to mentor = beraten; ausbilden, zu: mentor, (Mentor)]: Beratung und Unterstützung durch erfahrene Fach- oder Führungskräfte.

me|t|ro|se|xu|ell ⟨*Adjektiv*⟩ [englisch metrosexual, zusammengezogen aus: **metro**politan = großstädtisch und hetero**sexual** = heterosexuell]: als heterosexueller Mann sonst eher als feminin angesehene Interessen kultivierend.

Eine Hausfrau und der Fernsehentertainer Stefan Raab verhalfen im Jahr 2000 dem altbekannten und viel verwendeten **Maschendrahtzaun** zu Kultstatus. Hintergrund war ein Nachbarschaftsstreit, den Regina Z. aus Auerbach/Vogtland buchstäblich vom Zaun brach, weil ein Nachbar seinen Knallerbsenstrauch ungehindert durch ihren Maschendrahtzaun wuchern ließ. Der skurrile Streit, der in der TV-Gerichtsshow »Richterin Barbara Salesch« öffentlich ausgetragen wurde, inspirierte Raab zu dem Lied »Maschen-Draht-Zaun«, in dessen Refrain er die von Frau Z. in breitestem Sächsisch gesprochenen Wörter »Maschendrahtzaun« und »Knallerbsenstrauch« im O-Ton einblendete. Der Titel wurde ein Hit und Regina Z. vorübergehend ein Star der Boulevardmagazine.

Milch|auf|schäu|mer, *der; -s, -:* batteriebetriebenes oder von Hand zu bedienendes, einem Quirl ähnliches Gerät zum Aufschäumen von warmer Milch (für Milchkaffee oder Latte macchiato).

M

Mi|ni|job, *der:* Tätigkeit, bei der das monatliche Entgelt eine bestimmte Summe nicht übersteigt oder die auf eine bestimmte Zahl von Arbeitstagen im Jahr begrenzt ist.

mi|ni|mal|in|va|siv [aus minimal und invasiv] *(Medizin):* mit kleinstmöglichem Aufwand eingreifend: minimalinvasive Chirurgie (Durchführung operativer Eingriffe ohne größere Schnitte).

Mi|ni|van [...væn], *der:* Van in besonders kompakter Bauweise.

Mo|ji|to [mo'xi:to], *der; -s, -s* [spanisch mojito, Verkleinerungsform von spanisch (kubanisch) mojo = ein alkoholisches Mischgetränk, eigentlich = Brühe, Soße, zu: mojar = einweichen, über das Vulgärlateinische zu lateinisch mollis = weich]: alkoholisches Mixgetränk aus weißem Rum, Limettensaft, Minze und Rohrzucker.

mo|ti|viert ⟨*Adjektiv*⟩: **1.** *(bildungssprachlich)* [starken] Antrieb zu etwas habend; [großes] Interesse zeigend, etwas zu tun: die Spieler waren stark motiviert und gewannen letztlich verdient. **2.** *(Sprachwissenschaft)* (von Wörtern) in der formalen oder inhaltlichen Beschaffenheit durchschaubar, aus sich selbst verständlich.

MP3-Play|er [...pleɪɐ], *der* [englisch player = Abspielgerät]: kleines, tragbares Gerät zur Wiedergabe von Audiodateien im MP3-Format.

Mug|gel [*auch:* ˈmagl̩, englisch: ˈmʌgl̩], *der; -s, -s* [nach den Harry-Potter-Romanen von J. K. Rowling (* 1965), in denen eine Person, die nicht zaubern kann, so bezeichnet wird; zu englisch mug = Trottel, dumme Person]: Person, die nicht in etwas eingeweiht ist, die von bestimmten Dingen keine Kenntnis hat.

Mu|sik|tausch|bör|se, *die:* Computernetzwerk, über das Musikdateien im Internet angeboten oder aus dem Internet heruntergeladen werden können.

Na|bel|pier|cing, *das:* im Bereich des Bauchnabels angebrachtes Piercing.

Nackt|scan|ner, *der (umgangssprachlich):* Körperscanner.

Nah|rungs|er|gän|zungs|mit|tel, *das* ⟨*meist Plural*⟩: Vitamine, Mineralstoffe o. Ä. in Form von Tabletten, Pulver o. Ä., die zusätzlich zur Nahrung eingenommen werden.

Na|no|tech|nik, *die:* Nanotechnologie.

● **Na|no|tech|no|lo|gie**, *die; -, -n:* Technologie, die sich mit Strukturen und Prozessen im Nanometerbereich befasst: die Einsatzmöglichkeiten der Nanotechnologie sind vielfältig.

Na|vi [*auch:* ˈnavi], *das; -s, -s (umgangssprachlich):* kurz für Navigationsgerät, Navigationssystem: ein Navi lässt sich auch nachträglich einbauen.

Die als Schlüsseltechnologie geltende **Nanotechnologie** ist ein Gebiet naturwissenschaftlicher Forschung und Technologieentwicklung an der Schnittstelle zwischen Physik, Chemie, Materialwissenschaften und Molekularbiologie. Sie beschäftigt sich mit der Erforschung und Manipulation von Eigenschaften und Funktionen von Materie im Nanometerbereich (ein Nanometer ist ein Milliardstel Meter). Zu den Zielen der Nanotechnologie gehören insbesondere die Herstellung neuartiger Materialien und Werkstoffe mit außergewöhnlichen Eigenschaften sowie die Entwicklung neuer Methoden zur extrem dichten und effizienten Datenspeicherung.

Na|vi|ga|ti|ons|sys|tem, *das:* System, das den Standort eines [Kraft]fahrzeugs bestimmen, Fahrtrouten berechnen und mit automatischen Anzeigen und Ansagen zu einem gewünschten Ziel führen kann.

Net|wor|king ['nɛtwə:kɪŋ], *das; -s* [englisch networking, zu: to network = Kontakte knüpfen, zu: network, (Network)]: das Knüpfen und Pflegen von Kontakten, die dem Austausch von Informationen [und dem beruflichen Fortkommen] dienen.

N

Nẹtz|be|trei|ber, *der:* Unternehmen, das die technische Infrastruktur für Versorgungsbetriebe oder Telekommunikationsdienste bereitstellt.

neu|deutsch ⟨*Adjektiv*⟩ *(meist abwertend):* **a)** einer neu aufgekommenen Lebensform, Verhaltensweise in Deutschland entsprechend, für sie charakteristisch: die neudeutsche Industriegesellschaft; **b)** für die jüngere Entwicklung der deutschen Gegenwartssprache charakteristisch: ein solches Projekt müsste finanziert – neudeutsch gesagt: gesponsert – werden.

Neu|sprech, *der oder das; -[s]* [Lehnübersetzung von englisch newspeak, der Bezeichnung für die offiziell zu verwendende neue amtliche Sprachregelung im Roman »1984« des britischen Schriftstellers G. Orwell (1903–1950)] *(meist abwertend):* Neudeutsch.

Nick|na|me *[auch:* ˈnɪkneɪm], *der; -ns, -n und (bei eng-lischer Aussprache:) -[s], -s* [englisch nickname = Spitz-name < mittelenglisch nekename, fälschlich gebildet aus: an eke name = ein zusätzlicher Name] *(EDV):* selbst gewähltes Pseudonym, unter dem jemand im Internet (z. B. in Chatrooms oder Newsgroups) auftritt: sich einen Nickname ausdenken.

Nied|rig|ener|gie|haus, *das:* Haus, bei dem der Energiever-brauch durch eine gute Isolierung, energiesparende techni-sche Vorrichtungen o. Ä. gering gehalten wird.

nied|rig|schwel|lig ⟨*Adjektiv*⟩ *(besonders Amtssprache):* nicht an [nur schwer erfüllbare] Vorbedingungen geknüpft; schnell und unbürokratisch zu erhalten: ein niedrigschwelli-ges Therapieangebot für Drogenabhängige.

Nor|dic Wal|king [-ˈwɔːkɪŋ], *das; --[s]* [englisch, aus: Nordic = nordisch und walking, (Walking)]: Walking mit hüfthohen Stöcken.

O P

Ob|dach|lo|sen|zei|tung, *die:* Zeitung, die von Obdachlosen [geschrieben und] auf der Straße verkauft wird, wobei der Erlös Einrichtungen für Obdachlose zugutekommt.

Öko|tou|ris|mus, *der:* Fremdenverkehr in ökologisch wichtige und schützenswerte Gebiete mit minimaler Belastung der entsprechenden Ökosysteme: *das internationale Jahr des Ökotourismus.*

On|line|durch|su|chung, *die:* durch staatliche Ermittler vorgenommene Durchforstung der Onlineaktivitäten verdächtiger Personen: *eine genehmigte, umstrittene Onlinedurchsuchung.*

On|line|shop [...ʃɔp], *der:* Website, über die ein Unternehmen Waren oder Dienstleistungen im Internet anbietet und verkauft: *das Produkt ist im Onlineshop des Herstellers erhältlich.*

Open-Source-Soft|ware [ˈoʊpn̩ˈsɔːs...], *die* [zu englisch open-source = frei verfügbar, aus: open = offen, frei und source = Quelle]: Software, deren Quellcode frei zugänglich ist und die beliebig kopiert, genutzt und verändert werden darf: *immer mehr Unternehmen setzen Open-Source-Software ein.*

Ost|al|gie, die; - [gebildet aus **Ost**[deutschland] und Nost**algie.** Sehnsucht nach [bestimmten Lebensformen] der DDR.

os|tal|gisch ⟨*Adjektiv*⟩: die Ostalgie betreffend, zu ihr gehörend: *im ostalgisch verklärten Osten.*

Ost|er|wei|te|rung, *die:* Erweiterung eines Bündnisses o. Ä. um östlich der Bündnisgrenze gelegene Staaten: *die Osterweiterung der EU, der NATO.*

Out|take [ˈaʊtteɪk], *der oder das; -s, -s* [englisch out-take, aus:

out = heraus und take, (Take)]: **1.** *(Film, Fernsehen)* aufge-
nommene Szene einer Film-, Fernsehproduktion, die nicht
verwendet wird. **2.** aufgenommenes Musikstück, das auf
einem Album nicht verwendet wird.

Pan|cet|ta [panˈtʃɛta; italienisch pancetta, Verkleinerungs-
form von pancia = Bauch < lateinisch pantex (Ableitung pan-
tice) = Wanst]: [Bauch]speck vom Schwein aus Italien.

Pa|r|al|lel|ge|sell|schaft, *die:* von einer Minderheit gebil-
dete, in einem Land neben der Gesellschaft der Mehrheit
existierende Gesellschaft.

Pa|r|al|lel|welt, *die:* **1.** Paralleluniversum: eine virtuelle Paral-
lelwelt. **2.** *(besonders Soziologie)* unterschiedliches persönliches Umfeld zweier Personen oder Personengruppen: eine
Debatte über Parallelwelten von Migrantinnen in Deutschland. **3.** *(besonders Psychologie)* Scheinwelt: sie hat sich in
eine Parallelwelt geflüchtet.

pa|ra|me|t|ri|sie|ren ⟨*schwaches Verb; hat*⟩ [zu Parameter]:
mit einem Parameter versehen.

Par|tei|spen|den|af|fä|re, *die:* durch illegale Parteispenden,
Bestechungen o. Ä. ausgelöste politische Affäre.

Par|ti|kel|fil|ter, *der, Fachsprache meist: das (Kfz-Technik):*
Vorrichtung bei Dieselmotoren, die die im Abgas enthalte-
nen Partikel zurückhalten soll: Fahrzeuge mit Partikelfiltern
ausrüsten, nachrüsten.

Pas|siv|haus, *das:* Haus, dessen Energiebedarf weitgehend
durch die Sonneneinstrahlung und die Wärmeabgabe der
darin befindlichen Geräte und Personen gedeckt wird.

Pay-back-Kar|te, Pay|back|kar|te, *die:* Kundenkarte, durch
deren Einsatz der Inhaber oder die Inhaberin beim Kauf
eines Produktes oder einer Dienstleistung Bonuspunkte
sammelt.

Pe|nis|bruch, *der:* Einriss der Schwellkörper beim erigierten
Penis: schwerer, leichter, latenter Penisbruch.

per|for|men [pɐˈfɔːmən, *auch:* ...ˈfɔrm...] ⟨*schwaches Verb; hat*⟩: **1.** [englisch to perform = darbieten, präsentieren, eigentlich = verrichten, über das Mittelenglische aus altfranzösisch parfornir, parfurnir, aus par = per und furnir = bringen, liefern] *(Jargon)* darbieten, präsentieren; etwas vorführen; eine Performance bieten: in englischer Sprache performen; die Gruppe wird drei Songs performen. **2.** [englisch to perform = Rendite bringen] *(Finanzwesen)* sich in Bezug auf den Wert entwickeln: diese Fonds performen gut, schlecht.

Per|so|nal Trai|ner [ˈpəːsənəl -], *der; - -s, - -* [englisch, zu: personal = persönlich] *(Jargon):* zur individuellen Betreuung einzelner Kundinnen und Kunden engagierter Fitnesstrainer.

Phi|shing [ˈfɪʃɪŋ], *das; -[s]* [englisch phishing, zu: fishing = das Fischen; die ph-Schreibung als häufig gebrauchte Verfremdung im Hackerjargon für f wohl nach englisch-amerikanisch phreaking = das Hacken (zu: freak, (Freak))] *(EDV-Jargon):* Beschaffung persönlicher Daten anderer Personen (wie Passwort, Kreditkartennummer o. Ä.) mit gefälschten E-Mails oder Websites.

● **PISA-Schock, Pi|sa-Schock,** *der:* allgemeine Bestürzung nach dem schlechten Abschneiden deutscher Schülerinnen und Schüler bei der PISA-Studie.

Plas|ma|fern|se|her, *der (umgangssprachlich):* Fernsehgerät mit einem Plasmabildschirm.

Plas|ti|na|ti|on, *die; -* [zu plastisch]: spezielles Konservierungsverfahren, mit dessen Hilfe Leichen lebensecht präpariert werden können.

Pod|cast [ˈpɔtkaːst], *der; -s, -s* [englisch podcast, gebildet aus: iPod® = Handelsname für einen MP3-Player und to broadcast = senden] *(EDV):* Reportage, (Radio)beitrag o. Ä., der als Audiodatei im MP3-Format im Internet zum Herunterladen angeboten wird.

Die international angelegte Vergleichsstudie der Leistungen 15-jähriger Schülerinnen und Schüler, kurz PISA (Abkürzung für englisch **P**rogramme for **I**nternational **S**tudent **A**ssessment), hinterfragt seit dem Jahr 2000 in Erhebungszyklen die mathematische und naturwissenschaftliche Grundbildung der Schüler (Erkennen von Sachzusammenhängen und Aufzeigen von Problemlösungen) sowie ihre Lesekompetenz, d. h. die Fähigkeit, gelesene Texte inhaltlich zu erfassen, zu bewerten und in größere Zusammenhänge zu stellen. Ziel der im Auftrag der Organisation für wirtschaftliche Zusammenarbeit und Entwicklung (OECD) von den Teilnehmerstaaten gemeinsam entwickelten und durchgeführten Studie ist es, vergleichbare Daten über die Bildungssysteme zu gewinnen und statistisch belegte, verallgemeinerbare Aussagen über den Zusammenhang von Leistungsvermögen und sozialem Hintergrund der Schüler in den Teilnehmerstaaten treffen zu können. Das Ergebnis der Studie »PISA 2000« löste den **PISA-Schock** aus: Die Leistungen der deutschen Schüler lagen in allen drei untersuchten Kompetenzbereichen unter dem internationalen Durchschnitt.

pod|cas|ten [ˈpɔtkaːstn̩] ⟨*schwaches Verb; hat*⟩ [englisch to podcast, zu: podcast, Podcast]: einen (Podcast) produzieren und bereitstellen: eine Vorlesung podcasten; sie hat über den Streik gepodcastet.
Po|e|t|ry-Slam, Po|e|t|ry|slam [ˈpoʊətrɪslæm], *der; -s, -s* [englisch poetry slam, aus: poetry = [Vers]dichtung und slam = Wettstreit]: auf einer Bühne vor Publikum [das gleichzeitig die Jury ist] ausgetragener Wettbewerb, bei dem die Teilnehmer (Slammer) selbst verfasste Texte vortragen.
Post|doc [*auch:* ˈpoʊst...], *der; -s, -s und die; -, -s* [englisch postdoc, eigentlich kurz für: postdoctoral (research) = (Forschung) nach der Promotion] *(Hochschulwesen):* nach der Promotion (mithilfe eines Stipendiums, einer Praktikantenstelle o. Ä.) auf dem jeweiligen Spezialgebiet noch weiter forschender Wissenschaftler, forschende Wissenschaftlerin.

Po|tẹnz|pil|le, *die (umgangssprachlich):* Pille zur Wiederherstellung, Steigerung der Potenz, zur Behebung einer Potenzschwäche oder von Potenzschwierigkeiten.

Prạ|xis|ge|bühr, *die:* von Kassenpatienten vierteljährlich zu entrichtender Geldbetrag beim Arztbesuch.

Pre|ka|ri|ạt, *das; -[e]s, -e* ⟨*Plural selten*⟩ [französisch précariat, gebildet nach: prolétariat (Proletariat) zu: précarité, (Prekarität)] *(Politik, Soziologie):* Bevölkerungsteil, der, besonders aufgrund von anhaltender Arbeitslosigkeit und fehlender sozialer Absicherung, in Armut lebt oder von Armut bedroht ist und nur geringe Aufstiegschancen hat.

Pre|quel ['priːkwəl], *das; -s, -s* [englisch prequel, zusammengezogen aus pre- (< lateinisch prae = vor) und sequel, (Sequel)] *(Filmjargon):* Fortsetzungsfilm, dessen Handlung (im Gegensatz zum Sequel) nicht nach, sondern vor den Ereignissen des älteren Films liegt.

Pro|be|füh|rer|schein, *der (österreichisch):* Führerschein, den Anfänger zunächst für eine [zweijährige] Probezeit erwerben.

pro|bio|tisch ⟨*Adjektiv*⟩ [zu Probiotikum]: mit Milchsäurebakterien versehen, die den Aufbau der Darmflora verbessern sollen.

Pro|dụkt|pi|ra|te|rie, *die* ⟨*ohne Plural*⟩: rechtswidriges Nachahmen von Markenprodukten, die unter dem jeweiligen Markennamen auf den Markt gebracht werden.

prọl|len ⟨*schwaches Verb; hat*⟩ [zu Proll] *(salopp abwertend):* sich wie ein Prolet aufführen.

Pu|bli|kums|jo|ker [...ˈdʒoːkɐ], *der:* Joker, bei dem der Spielende die Meinung anderer, meist Laien, aus dem Publikum einholen darf.

Pu-Ẹrh-Tee, *der; -s, -s* [nach dem Ort Puʼer in China]: dunkler, kräftiger chinesischer Tee.

Pull-down-Me|nü [...ˈdaʊ̯n...], *das (EDV):* Menü, das bei Aktivierung [nach unten] aufklappt.

Q R

Qua|li|fy|ing ['kwɔlɪfaɪɪŋ], *das; -s, -s* [englisch qualifying = das (Sich)qualifizieren] *(Rennsport):* Qualifikation und Festlegung der Startreihenfolge für ein [Auto]rennen.

quar|zen ⟨*schwaches Verb; hat*⟩ [Herkunft ungeklärt] *(landschaftlich umgangssprachlich):* [stark] rauchen: müsst ihr denn die ganze Zeit quarzen?

quo|teln ⟨*schwaches Verb; hat*⟩ *(Rechtssprache, Wirtschaft):* eine Quotelung durchführen, einen Gesamtwert in Quoten aufteilen.

Quo|ten|brin|ger, *der (Rundfunk, Fernsehen umgangssprachlich):* **a)** Fernsehsendung, Fernsehfilm mit [einkalkuliert] hoher Einschaltquote; **b)** Thema einer Fernsehsendung, eines Fernsehfilms, das hohe Einschaltquoten gewährleistet: Quotenbringer Fußball; **c)** Schauspieler, Entertainer o. Ä., dessen Auftreten hohe Einschaltquoten gewährleistet: eine Serie mit bekannten Filmstars als Quotenbringern.

Ra|dio|text, *der:* von Rundfunksendern übertragene Textnachricht, die im Display eines entsprechend ausgerüsteten Radios erscheint.

● **Ra|ting|agen|tur, Ra|ting-Agen|tur** ['reɪtɪŋ...], *die:* Agentur, die die Bonität von Wertpapieren, Unternehmen u. Ä. einschätzt.

ratz|fatz ⟨*Adverb*⟩ [zu mundartlich ratz = schnell, rasch (wohl lautmalend nach dem Geräusch schnell reißenden Stoffs oder Papiers) und fatzen = zerfetzen, zerreißen] *(umgangssprachlich):* sehr schnell.

Ratingagenturen sind private und gewinnorientierte Unternehmen, die gewerbsmäßig eine Bewertung von Schuldnerbonitäten und Kreditausfallrisiken sowohl bei Unternehmen als auch bei Staaten vornehmen. Die Ratings, die in sog. Ratingcodes von AAA (höchste Bonität) bis D (insolvent) zusammengefasst werden, spielen eine wesentliche Rolle bei Kreditvergaben und Anlageentscheidungen. Sowohl in der Finanzmarktkrise 2007 bis 2009 als auch im Zusammenhang mit der griechischen Haushaltskrise 2010 verloren die Ratingagenturen an Glaubwürdigkeit; ihnen wurde u. a. vorgeworfen, den Finanzmärkten falsche Anreize geschaffen zu haben.

Rau|cher|knei|pe, *die (umgangssprachlich):* Lokal, in dem das Rauchen ausdrücklich gestattet ist.

Re|cy|c|ling|hof, *der:* Sammelstelle für wiederverwertbare Abfälle aus Privathaushalten.

Re|gu|lie|rungs|be|hör|de, *die:* Behörde mit der Aufgabe, die Chancengleichheit von Wettbewerbern im Vergleich mit einem ehemals staatlichen Monopolunternehmen zu gewährleisten: eine Regulierungsbehörde für die Telekommunikation.

reich|wei|ten|stark ⟨*Adjektiv*⟩ *(Werbesprache):* eine große Reichweite erzielend: ein reichweitenstarker TV-Kanal.

Ret|tungs|pa|ket, *das (Politikjargon):* zur Rettung von etwas Bestimmtem dienendes Maßnahmenpaket.

Ret|tungs|schirm, *der:* **1.** *(Flugwesen)* Rettungsfallschirm, Fallschirm, mit dessen Hilfe sich eine mit einem Fluggerät in der Luft befindliche oder mit einem Fallschirm abgesprungene und in eine Notlage geratene Person unter günstigen Umständen retten kann. **2.** *(besonders Politik)* Rettungspaket.

Road|map [ˈrɔʊdmæp], *die; -, -s* [englisch road map, eigentlich = Straßenkarte, aus: road = Straße und map = (Land)karte]: **1.** *(EDV)* Plan für die zukünftige Entwicklung

R

von Technologien und Produkten. **2.** ⟨*ohne Plural*⟩ *(Politik)*
amerikanischer Plan zur Beilegung des Nahostkonfliktes.

Roa|ming [ˈroʊmɪŋ], *das; -s* [englisch roaming = wandernd,
zu: to roam = umherstreifen, wandern] *(Telefonie):* vom
Standort unabhängiges Telefonieren in einem Mobilfunk-
netz, was die ständige Erreichbarkeit auch aus weiter Ferne
und im Ausland ermöglicht.

Roi|busch|tee, *der:* Rotbuschtee.

Ro|ma|nes|co, *der; -s* [italienisch (cavolo) romanesco, eigent-
lich = römischer (Kohl)]: grüner Blumenkohl.

Ruck|sack|bom|ber, *der:* Selbstmordattentäter, der in einem
Rucksack einen Sprengsatz mitführt.

Rund|um|be|treu|ung, *die:* Betreuung, Versorgung o. Ä., die
durchgehend Tag und Nacht erfolgt: pädagogische, individuelle, kostenlose, medizinische Rundumbetreuung.

S

Sab|ba|ti|cal [sə'bɛtɪk]], *das; -s, -s* [englisch sabbatical, zu: sabbatical = Sabbat...; zum Sabbat gehörig < spätlateinisch sabbaticus < griechisch sabbatikós]: (neben dem jährlichen Erholungsurlaub) einmal in einem längeren Zeitraum gewährte längere Freistellung.

Sam|mel|kla|ge, *die (Rechtssprache):* Klage, die von einer größeren Klägerschaft gemeinsam eingereicht wird: eine Sammelklage einreichen, zulassen; eine Sammelklage für Mobilfunkgeschädigte; sich einer Sammelklage anschließen.

Scan [skɛn], *der oder das; -s, -s* [englisch scan = das Absuchen, zu: to scan, (scannen)] *(Fachsprache):* Scanning.

Scan|ning ['skɛnɪŋ], *das; -[s], -s* [englisch scanning, zu: to scan, (scannen) *(Fachsprache):* Untersuchung, Abtasten mithilfe eines Scanners.

Schad|stoff|pla|ket|te, *die (Kraftfahrzeugwesen):* an einem Kraftfahrzeug angebrachte Plakette, die dessen Schadstoffausstoß klassifiziert.

Schaum|par|ty, *die:* Party, die zum Großteil auf einer mit Schaum bedeckten Fläche oder in einem mit Schaum gefüllten Swimmingpool stattfindet.

Schlüs|sel|loch|chi|r|ur|gie, *die (Medizin):* minimalinvasive Chirurgie; Knopflochchirurgie.

Schmud|del|ecke, *die (umgangssprachlich):* Stelle, an der Schmutz, Müll, Unrat herumliegt: solche Schmuddelecken gibt es in fast jeder Stadt; jemanden, etwas in die Schmuddelecke drängen (jemanden, etwas als anrüchig abstempeln).

schnack|seln ⟨*schwaches Verb; hat*⟩ [wohl Iterativbildung zu schnackeln] *(süddeutsch, österreichisch umgangssprachlich):* koitieren.

Schrott|im|mo|bi|lie, *die (umgangssprachlich abwertend):* Immobilie, die nichts oder nur wenig wert ist.

Schul|den|fal|le, *die (Wirtschaft, Bankwesen, oft auch umgangssprachlich):* Situation, in der die Aufwendungen, Ausgaben o. Ä. die Einkünfte, Einnahmen beträchtlich übersteigen und somit eine Schuldentilgung unmöglich wird.

Schuld|ner|be|ra|tung, *die:* Beratung verschuldeter oder überschuldeter Personen durch Verbraucherverbände, Selbsthilfeorganisationen, kommunale Behörden o. Ä.

Schur|ken|staat, *der* [Lehnübersetzung von englisch rogue state, geprägt Anfang der 1990er-Jahre von amerikanischen Regierungsbeamten] *(abwertend):* Staat, der angeblich den weltweiten Terrorismus unterstützt und somit den Weltfrieden gefährdet.

schwur|be|lig, schwurb|lig ⟨*Adjektiv*⟩ [zu landschaftlich schwurbeln, Nebenform von schwirbeln] *(umgangssprachlich):* schwindlig, verwirrt.

Scou|bi|dou [skubiˈduː], *das; -s, -s* [aus gleichbedeutend französisch scoubidou, eigentlich eine Silbenfolge ohne Bedeutung aus dem Jazz- und Popmusikgesang (ähnlich wie englisch shoobidoo oder deutsch schubidu)]: Bastelspiel aus bunten Plastikbändern, die zu Figuren verknüpft werden.

Se|cu|ri|ty [sɪˈkjʊərəti], *die; -, -s:* **a)** *(Jargon)* Sicherheit; **b)** Sicherheitsdienst: zwei Männer von der Security standen am Eingang.

Se|kun|den|schlaf, *der (umgangssprachlich):* durch Übermüdung erfolgtes kurzzeitiges Einnicken (besonders beim Autofahren).

Selbst|mord|an|schlag, *der: Selbstmordattentat.*

Selbst|mord|at|ten|tat, *das:* Attentat, bei dessen Ausführung die eigene Tötung in Kauf genommen wird.

Selbst|mord|at|ten|tä|ter, *der:* jemand, der bei der Ausführung eines Attentats bewusst den eigenen Tod in Kauf nimmt.

Selbst|mord|at|ten|tä|te|rin, *die: weibliche Form zu Selbstmordattentäter.*

Shi|i|ta|ke [ʃi-i...], *der; -[s], -s* [japanisch shiitake, zu shia = Pasaniabaum und take = Pilz, eigentlich = am Pasaniabaum wachsender Pilz]: (in Japan und China an Stämmen von Bambus und Eichen kultivierter und als Speisepilz beliebter) Pilz mit rötlich braunem Hut und festem weißlichem Fleisch.

Sil|ber|schei|be, *die* [nach der silbernen Farbe des metallisierten Kunststoffes der Scheibe] *(umgangssprachlich):* kleine, dünne silberfarbene Scheibe als Datenträger für Computer, CD-Player, DVD-Player u. Ä.; CD, DVD.

Si|li|kon|bu|sen, *der (umgangssprachlich):* durch Silikonimplantate vergrößerte weibliche Brust.

Sin|ger-Song|wri|ter [ˈsɪŋɐˈsɔŋraɪtɐ], *der; -s, -* [englisch]: jemand, der Lieder singt, die er selbst komponiert und getextet hat.

Skate|night [ˈskeɪtnaɪt], *die; -, -s* [zu englisch to skate = skaten und night = Nacht]: nächtliche Veranstaltung für Inlineskater in [größeren] Städten.

Skim|ming, *das; -s* [englisch] *(EDV-Jargon):* illegales, in betrügerischer Absicht erfolgendes Auslesen von Daten, die in Bank- und Kreditkarten gespeichert sind.

Slot, *der; -s, -s* [englisch slot, eigentlich = Schlitz] *(EDV):* Steckplatz.

Smi|ley [ˈsmaɪli], *das; -s, -s* [englisch smiley, zu: smiley (umgangssprachlich) = lächelnd, zu: to smile = lächeln]: Emoticon in Form eines kleinen, stilisierten, um 90 Grad gegen den Uhrzeigersinn gedrehten Gesichtes.

So|fort|ren|te, *die:* Rente, die unabhängig vom Erreichen der gesetzlichen Altersgrenze unmittelbar nach vorheriger Ein-

S

zahlung eines größeren Geldbetrags (oder als Lotteriege-
winn) ausgezahlt wird.

Som|mer|mär|chen, *das:* in einem Sommer stattfindendes
wunderbares, großartiges Ereignis: die Fußball-WM 2006
war ein deutsches Sommermärchen.

Spam [spæm], *der od. das; -s, -s od. die; -, -s* [aus gleichbe-
deutend englisch spam, ursprünglich Spam® »Frühstücks-
fleisch«] *(EDV):* **1.** ⟨*ohne Plural*⟩ unerwünschte massen-
haft per E-Mail oder auf ähnlichem Wege versandte
Nachrichten: ich habe schon wieder jede Menge Spam im
Postfach. **2.** Spammail: es sind schon wieder zig Spams
eingegangen.

Spam|fil|ter, *der, fachsprachlich meist: das (EDV):* Pro-
gramm, mit dem Spammails aus den eingehenden E-Mails
herausgefiltert werden.

Spaß|ge|sell|schaft, *die (oft abwertend):* Gesellschaft, die in
ihrem Lebensstil hauptsächlich auf persönliches Vergnügen
ausgerichtet ist und sich nicht für das Allgemeinwohl inte-
ressiert.

Spei|cher|kar|te, *die (EDV):* kleine einsteckbare Karte für
einen PC, eine Digitalkamera o. Ä., auf der Daten gespei-
chert werden können.

Spreng|stoff|gür|tel, *der:* Gürtel, der [von Selbstmordatten-
tätern] zur Befestigung von Sprengsätzen am eigenen Leib
benutzt wird.

Staats|quo|te, *die (Wirtschaft):* Verhältnis der Staatsausga-
ben zum Sozialprodukt.

Stall|or|der, *die (Sport, besonders Rennsport):* Anweisung an
einen Fahrer oder Jockey, einen Konkurrenten aus dem eigenen Team oder Rennstall taktisch zu begünstigen oder
gewinnen zu lassen.

Stall|pflicht, *die:* Verpflichtung zur Unterbringung bestimm-
ter Haustiere in Ställen.

• **Stark|re|gen,** *der (besonders Meteorologie):* besonders hefti-
ger Regen.

Steu|er|iden|ti|fi|ka|ti|ons|num|mer, *die:* lebenslang gültige
Nummer, die jedem Staatsbürger zur Abwicklung seiner
Steuerangelegenheiten zugeordnet ist.

Steu|er|ver|güns|ti|gungs|ab|bau|ge|setz, *das (Politik):*
Gesetz zum Abbau von Steuervergünstigungen.

Streit|kul|tur, *die:* Kultur des Streitens, der verbalen Ausei-
nandersetzung: eine demokratische, politische, gesunde
Streitkultur.

Stretch|li|mou|si|ne [ˈstrɛtʃlimu...], *die* [englisch stretch
limousine, aus: stretch = dehnbar, Stretch-, zu to stretch,
(Stretch) und limousine, (Limousine)]: Limousine mit besonders langem Fahrgastteil.

String|tan|ga [ˈst...], *der* [aus englisch string = Schnur, Kor-
del und Tanga]: Tanga[slip], dessen rückwärtiger Teil
aus einem schmalen, schnurförmigen Stück Stoff o. Ä.
besteht.

Strom|markt, *der:* Elektrizitätsmarkt.

sub|op|ti|mal ⟨*Adjektiv*⟩ [englisch suboptimal = unter dem
höchsten Qualitäts- oder Leistungsniveau, aus: sub- < latei-

Starkregen sind Niederschläge, bei denen in einem bestimmten
Zeitabschnitt eine bestimmte Mindestmenge an Niederschlag fal-
len muss (z. B. mindestens $5\,l/m^2$ innerhalb der ersten 5 Minuten,
$10\,l/m^2$ nach 20 Minuten, $17\,l/m^2$ nach 1 Stunde). Der Deutsche
Wetterdienst benutzt seit 2003 die Schwellenwerte $>25\,l/m^2$ in
1 Stunde bzw. $>35\,l/m^2$ in 6 Stunden. Starkregenereignisse kommen
häufig in den Tropen und den Subtropen, aber gelegentlich auch
in gemäßigten Breiten vor. Die Häufigkeit von Starkregenereignis-
sen hat in den letzten Jahren aufgrund des Klimawandels zuge-
nommen.

S

nisch sub (sub-, Sub-) und optimal, zu lateinisch optimus (Optimum)] *(besonders Fachsprache):* weniger gut, nicht optimal: ein suboptimales Habitat; die Versorgung war suboptimal.

Su|do|ku ['su:..., *auch:* zu'do:ku], *das; -[s], -s* [japanisch, aus: su = Nummer und doku = einzeln]: Zahlenrätsel, das aus einem großen Quadrat besteht, das in neun kleinere Quadrate unterteilt ist, die ihrerseits jeweils drei mal drei Kästchen enthalten, in die teilweise Ziffern eingegeben sind und deren leere Felder so auszufüllen sind, dass in jeder waagrechten Zeile und jeder senkrechten Spalte des gesamten Quadrats sowie innerhalb der neun kleineren Quadrate alle Ziffern von 1 bis 9 nur einmal vorkommen.

su|pi ⟨*indeklinables Adjektiv*⟩ [gekürzt aus super und -i] *(umgangssprachlich emotional):* super: das ist supi; eine supi Sache; es hat supi funktioniert.

Su|ri|mi, *das; -[s]* [japanisch]: aus minderwertigem Fisch o. Ä. hergestelltes Krebsfleischimitat.

SUV [ɛsjuːˈviː, *auch:* zʊf], *das oder der; -[s], -[s]* [Abkürzung für englisch sport utility vehicle]: Geländewagen.

T

Ta|b|loid ['tabləyd], *das; -, -s* [englisch tabloid, ursprünglich Markenname eines in Tablettenform verkauften Medikaments, zu tablet = Tablette, bildlich gebräuchlich im Sinne von »konzentriert, leicht konsumierbar«] *(Zeitungswesen):* **1.** kleineres handliches Format für Zeitungen. **2.** Zeitung im Format Tabloid. **3.** (besonders britische) Boulevardzeitung.

Tag-Cloud, Tag|cloud ['tægklaʊd], *die; -, -s* [englisch tag cloud, aus tag (Tag) und cloud = Wolke] *(EDV):* auf einer Fläche angezeigte, in einem lockeren Neben-, Unter- und Übereinander angeordnete Wörter, deren Gewichtung als Schlagwörter o. Ä. (z. B. durch unterschiedliche Schriftgröße) optisch verdeutlicht wird.

Tag|fahr|licht, *das (Kfz-Technik):* spezielle Beleuchtung für Kraftfahrzeuge, die bei Fahrten bei Tageslicht eingeschaltet wird.

Tai|ko|naut, *der; -en, -en* [englisch taikonaut, zu chinesisch taikong = Luftraum, Kosmos; gebildet nach Astronaut]: chinesischer Weltraumfahrer.

ta|lent|frei ⟨*Adjektiv*⟩: kein Talent [für etwas] besitzend: eine talentfreie Schauspielerin; einen Text talentfrei vortragen.

Ta|lent|scout, *der (Jargon):* Scout, der für Vereine, Firmen o. Ä. talentierten Nachwuchs sucht.

TAN, *die; -, -s* [Abkürzung für **T**rans**a**ktions**n**ummer]: nur dem Nutzer bekannte, einmalig gültige Codenummer, die beim Onlinebanking o. Ä. für jede Buchung zusätzlich zur PIN anzugeben ist.

Tan|ki|ni, *der; -s, -s* [englisch tankini, gebildet aus: tank top = enges ärmelloses Oberteil und bikini = Bikini]: zweiteiliger

Badeanzug für Frauen mit einem Oberteil, das den Bauch mehr oder weniger bedeckt.

T-Car [ˈtiːkɑː], *das; -s, -s* [englisch T-car, Kurzwort aus t**raining car** = Trainingswagen]: Rennwagen (der Formel-1-Klasse), der nur zum Training oder als Ersatzfahrzeug eingesetzt wird.

Te|le|fon|jo|ker [...ˈdʒoːkɐ], *der:* Joker, bei dem der Spielende eine Person seiner Wahl telefonisch um Rat fragen darf.

Te|le|no|ve|la, *die; -, -s* [ursprünglich aus Lateinamerika stammend; spanisch und portugiesisch telenovela, eigentlich = Fernsehroman]: Fernsehserie, die in einer festgelegten Anzahl von täglich ausgestrahlten Folgen eine in sich abgeschlossene [rührselige] Handlung erzählt.

Tem|po|mat®, *der; -[e]s und -en, -e und -en* [zu Tempo und Automat] *(Kfz-Technik):* automatischer Regler der Fahrgeschwindigkeit bei Kraftfahrzeugen, der die Geschwindigkeit auf einem bestimmten Wert hält bzw. nach oben begrenzt.

Ter|roir [tɛˈʀɔaːʀ], *das; -s, -s* [französisch terroir, über das Vulgärlateinische zu lateinisch territorium, (Territorium)]: Gesamtheit natürlicher Faktoren (Rebe, Boden, Klima u. a.) und kultureller Einflüsse, die einem Wein o. Ä. seinen Charakter verleihen.

Ter|ror|netz|werk, *das:* Netz verschiedener terroristischer Organisationen, Gruppierungen o. Ä.

Teu|ro, *der; -[s], -s* [zusammengezogen aus t**euer** und **Euro**] *(umgangssprachlich scherzhaft):* Euro im Hinblick auf die mit seiner Einführung verbundene empfundene Preiserhöhung.

The|re|min [ˈteremiːn], *das; -s, -s, auch: der; -s, -e* [nach dem russisch-sowjetischen Physikprofessor Leon Theremin, eigentlich Lev S. Termen (1896 bis 1993)]: elektronisches Musikinstrument, bei dem Tonhöhe und Lautstärke durch die Veränderung des Abstandes der Hände zu zwei Antennen bestimmt werden.

tra|den [ˈtreɪdn̩] ⟨*schwaches Verb; hat*⟩ [englisch to trade =

Handel treiben] *(Wirtschaft, Börsenwesen):* [spekulierend]
an der Börse handeln: ⟨*substantivisch:*⟩ kurzfristiges Traden.

Trash [træʃ], *der; -[s]* [englisch trash, Herkunft ungeklärt]:
1. Schund, Ramsch o. Ä. **2.** Richtung in Musik, Literatur und
Film, für die bewusst banal, trivial oder primitiv wirkende
Inhalte und eine billige Machart typisch sind.

trig|gern ⟨*schwaches Verb; hat*⟩ [englisch to trigger = auslö-
sen] **1. a)** *(Elektrotechnik):* einen [Schalt]vorgang mittels
eines Triggers auslösen; **b)** *(EDV)* aktivieren. **2.** auslösen,
erzeugen: Musik triggert Erinnerungen.

trun|kie|ren ⟨*schwaches Verb; hat*⟩ [englisch to truncate =
stutzen, kürzen] *(EDV):* **a)** (eine Zeichenfolge) [teilweise]
durch einen Platzhalter ersetzen: einen Suchbegriff trunkieren; **b)** (in einer Zeichenfolge) einen Platzhalter verwenden:
es ist möglich, mitten im Wort zu trunkieren.

● **Tshwa|ne** [ˈtsvaːnə]: neuer Name für Pretoria.

Tur|bo|ka|pi|ta|lis|mus, *der (abwertend):* rücksichtsloser,
unverhüllt ausschließlich auf Profitmaximierung ausgerich-
teter Kapitalismus: der neoliberale, globale, entfesselte Tur-
bokapitalismus.

twit|tern ⟨*schwaches Verb; hat*⟩ [nach dem Dienstleistungs-
programm Twitter®, zu englisch to twitter = zwitschern]:
Kurznachrichten über das Internet senden und empfangen:
heute schon getwittert?

Pretoria, Hauptstadt und Regierungssitz der Republik Südafrika,
wurde 1855 durch einen Sohn des Burenführers Andries Pretorius
(1798 bis 1853) gegründet und nach seinem Vater benannt; die
Stadt wurde mit schachbrettartigem Grundriss und breiten Stra-
ßen sowie vielen Grünanlagen angelegt. 1860–1994 war Pretoria
Hauptstadt von Transvaal und wurde 1910 Regierungssitz der Süd-
afrikanischen Union, die sich 1961 in Republik Südafrika umbe-
nannte. Im März 2005 beschloss der Stadtrat, Pretoria in **Tshwane**
umzubenennen; nur das Stadtzentrum heißt weiterhin Pretoria.

T

U

über|bu|chen ⟨*schwaches Verb; hat*⟩: Buchungen über die vorhandene Kapazität hinaus vornehmen: einen Flug überbuchen; ⟨*oft im 2. Partizip:*⟩ überbuchte Flüge, Hotels; überbucht sein. **Über|bu|chung,** *die; -, -en.*

Über|nah|me|schlacht, *die (emotional):* [heftiger] Kampf um die Aktienmehrheit eines zu übernehmenden Konzerns: eine erbitterte, harte, heiße, spektakuläre, verlorene Übernahmeschlacht; eine Übernahmeschlacht zwischen zwei Unternehmen; um die Firma tobt eine Übernahmeschlacht.

Über|wa|chungs|ka|me|ra, *die:* an öffentlichen Plätzen, in Supermärkten, Banken o. Ä. angebrachte, automatisch schwenkbare Kamera zur Videoüberwachung.

um|welt|be|wusst ⟨*Adjektiv*⟩: sich der vom Menschen ausgehenden Gefährdung der natürlichen Umwelt bewusst: ein sehr umweltbewusster Mensch; sie ist kein bisschen umweltbewusst; sich umweltbewusst verhalten.

Um|welt|pla|ket|te, *die:* ↑ Feinstaubplakette.

Um|welt|tech|no|lo|gie, *die:* unter dem Aspekt der Umweltfrage betriebenes Teilgebiet der Technologie: Arbeitsplätze in der Umwelttechnologie.

Um|welt|zo|ne, *die:* Gebiet, in dem [bis auf bestimmte Ausnahmen] nur Kfz mit Feinstaubplakette fahren dürfen.

un|cool ⟨*Adjektiv*⟩ *(salopp, besonders Jugendsprache):* nicht cool: extrem uncool; als uncool gelten.

un|der|co|ver [ˈandɛkavɐ] ⟨*Adverb*⟩ [englisch undercover = geheim, eigentlich = in Deckung (gegangen), im Schutz

(von), zu: cover = Schutz, Deckung, zu: to cover, (Cover)]:
geheim, verdeckt, im Verborgenen; seine wahre Identität
nicht zu erkennen gebend: etwas undercover überprüfen;
undercover agieren, arbeiten, ermitteln; undercover in der
Szene leben.

● **Unwort des Jahres** S. 70f.

Up|grade ['ʌpgreɪd], *das; -s, -s* [englisch upgrade = Verbes-
serung, Aufwertung]: **1.** *(EDV)* **a)** erweiterte, verbesserte
neue Version einer Software; **b)** Installierung eines
Upgrades: ein Upgrade machen. **2.** *(Wirtschaft)* Verbesse-
rung des Ratings.

up|gra|den ['ʌpgreɪdn̩] ⟨*schwaches Verb; hat*⟩ [englisch to
upgrade =verbessern] *(EDV):* durch ein Upgrade verbes-
sern.

ur|cool ⟨*Adjektiv*⟩ *(besonders österreichische Jugendsprache):*
großartig, ganz toll: ein urcooles Auto.

Ur|laubs|re|sort, *das:* Ferienanlage.

USB [uːɛsˈbeː], *der; -[s], -s* [Abkürzung für englisch Universal
Serial Bus] (EDV): Leitung zur Datenübertragung, die es
ermöglicht, dass alle peripheren Komponenten eines Compu-
ters über einen Anschluss mit dem Computer verbunden
werden u. kommunizieren.

USB-Stick [uːɛsˈbeː...], *der; -s, -s* [englisch stick = Stock,
Stab]: als Datenspeicher dienendes kleines, stäbchenförmi-
ges, mit USB ausgestattetes Gerät.

U

Bei der seit 1991 jährlich stattfindenden Aktion **Unwort des Jahres** sind alle Bürger aufgefordert, sprachliche Missgriffe zu nennen, die im jeweiligen Jahr besonders negativ aufgefallen sind. Die Entscheidung über den »Gewinner« trifft eine unabhängige Jury. Hier die »Unwörter« der vergangenen zehn Jahre und die jeweilige Begründung der Jury:

2001: Gotteskrieger

Das Wort sei als Selbst- wie als Fremdbezeichnung der Taliban- und Al-Qaida-Terroristen völlig unangemessen, da kein Glaube an einen Gott – gleich welcher Religion – einen Krieg oder gar Terroranschläge rechtfertigen könne.

2002: Ich-AG

Reduzierung von Individuen auf sprachliches Börsenniveau.

2003: Tätervolk

Das Wort sei schon grundsätzlich verwerflich, da es ein ganzes Volk für die Taten einer Gruppe verantwortlich mache. Werde der Begriff aber auf die Juden bezogen, dann sei er ein aktueller Beleg für immer noch wirkenden Antisemitismus.

2004: Humankapital

Degradierung von Menschen zu nur noch ökonomisch interessanten Größen.

2005: Entlassungsproduktivität

Der wirtschaftswissenschaftliche Begriff (für Gewinne aus Produktionsleistungen eines Unternehmens, nachdem zuvor zahlreiche Mitarbeiter entlassen wurden) verschweige die schädlichen Folgen der Arbeitslosigkeit und verschleiere die Mehrbelastung derjenigen, die ihren Arbeitsplatz behalten konnten.

2006: Freiwillige Ausreise

Gesetzes- und Behördenterminus, wenn abgelehnte Asylbewerber aus deutschen Abschiebehaftanstalten, den sog. Ausreisezentren, in ihre Herkunftsländer zurückkehren. Die Freiwilligkeit ist meist zweifelhaft, da diesen Menschen oft keine Wahl gelassen wird.

2007: Herdprämie

Der Begriff diffamiere Eltern, insbesondere Frauen, die ihre Kinder zu Hause erziehen, anstatt einen Krippenplatz in Anspruch zu nehmen.

2008: Notleidende Banken

Der Ausdruck stelle das Verhältnis von Ursachen und Folgen der Weltwirtschaftskrise auf den Kopf. Während die Volkswirtschaften in ärgste Bedrängnis geraten und die Steuerzahler Milliardenkredite mittragen müssen, werden die Banken mit ihrer Finanzpolitik, durch die die Krise verursacht wurde, zu Opfern stilisiert.

2009: Betriebsratsverseucht

Die Wahrnehmung von Arbeitnehmerinteressen störe zwar viele Unternehmen, Betriebsräte als Seuche zu bezeichnen, sei indes ein sprachlicher Tiefpunkt im Umgang mit Lohnabhängigen.

2010: Alternativlos

Das Wort suggeriere sachlich unangemessen, dass es bei einem Entscheidungsprozess von vornherein keine Alternativen und damit auch keine Notwendigkeit der Diskussion und Argumentation gebe. Behauptungen dieser Art seien 2010 zu oft aufgestellt worden, sie drohten, die Politikverdrossenheit in der Bevölkerung zu verstärken.

U

V W

Vä|ter|mo|nat, *der* ⟨*meist Plural*⟩*:* Monat, in dem ein Vater Elternzeit in Anspruch nimmt.

ver|ba|seln ⟨*schwaches Verb; hat*⟩ [aus dem Niederdeutschen < mittelniederdeutsch vorbasen, zu: basen = unsinnig reden, handeln] *(landschaftlich):* aus Nachlässigkeit versäumen, vergessen, verlieren: Gelder verbaseln (verschwenden); eine Chance verbaseln (vertun).

Ver|kehrs|wen|de, *die (Politik):* grundlegende Umstellung des öffentlichen Verkehrs [besonders mit ökologischen Zielvorstellungen].

ver|kopft ⟨*Adjektiv*⟩*:* [zu] sehr vom Intellekt beherrscht, beeinflusst: eine verkopfte Gesellschaft; verkopftes Denken, Lernen.

ver|mül|len ⟨*schwaches Verb*⟩ *(umgangssprachlich):* **1.** ⟨*hat*⟩ durch Müll belasten, verschmutzen, verunstalten. **2.** ⟨*ist*⟩ durch Müll zunehmend belastet, verschmutzt, verunstaltet werden.

ver|or|ten ⟨*schwaches Verb; hat*⟩ *(besonders Soziologie):* einen festen Platz in einem bestimmten Bezugssystem zuweisen.

ver|part|nern ⟨*schwaches Verb; hat*⟩ *(besonders Amtssprache):* **1.** ⟨*verpartnern + sich*⟩ eine eingetragene Lebenspartnerschaft eingehen: sie wollen sich bald verpartnern; ⟨auch im 2. Partizip:⟩ verpartnerte Lesben, Schwule. **2.** in einer Zeremonie zu einer gleichgeschlechtlichen Lebenspartnerschaft verbinden.

Ver|spar|ge|lung, *die; -, -en (meist abwertend):* Veränderung des Landschaftsbildes durch Windräder o. Ä., die (als Gesamteindruck) an Spargel erinnern.

ver|ti|cken ⟨*schwaches Verb; hat*⟩ *(umgangssprachlich):* verkaufen: sie hat sogar das gute Geschirr ihrer Oma vertickt.

ver|zo|cken ⟨*schwaches Verb; hat*⟩ *(umgangssprachlich):* durch Zocken verlieren.

Vi|no|thek, *die; -, -en* [zu lateinisch vinum = Wein und -thek]: **1.** Sammlung kostbarer Weine: sich eine Vinothek zulegen. **2.** Weinkeller mit Weinausschank: wir treffen uns in der Vinothek. **3.** *(österreichisch, schweizerisch)* Weinhandlung.

Vi|sit, *der; -s, -s* [englisch visit = Besuch, zu: to visit = besuchen < altfranzösisch visiter, (visitieren)] *(EDV, Werbesprache):* Messgröße, die die Anzahl der Zugriffe auf eine Website innerhalb eines bestimmten Zeitraums angibt.

Vo|gel|grip|pe, *die (Tiermedizin):* Virusinfektion, die Vögel (besonders Hühner und Puten) befällt.

Vo|gel|schlag, *der:* heftiger Aufprall eines Vogels auf ein fliegendes Flugzeug.

Voice|mail ['vɔysmeɪl], *die; -, -s* [englisch voicemail, aus: voice = Stimme und mail = Post(sendung), also eigentlich = mündliche Nachricht]: in eine Telefonanlage eingebaute elektronische Einrichtung mit der um einige zusätzliche Möglichkeiten der Telekommunikation erweiterten Funktion eines Anrufbeantworters.

voi|pen ['vɔypn̩] ⟨*schwaches Verb; hat*⟩ [zu englisch VoIP = Voice over Internet Protocol] *(Jargon):* über das Internet telefonieren.

Voll|pfos|ten, *der (salopp):* sehr dummer Mensch: der Vollpfosten hat sich total besoffen ans Steuer gesetzt.

Voll|ver|si|on, *die (EDV):* umfassendste Version einer Software, die es in verschiedenen Versionen gibt.

Vor|führ|ef|fekt, *der:* angenommene Gesetzmäßigkeit, nach der bei der Vorführung, Demonstration von etwas genau das nicht eintritt, was man zeigen will: das ist der berühmte Vorführeffekt.

V

Vor|rats|da|ten|spei|che|rung, *die (Rechtssprache):* im Hinblick auf eine eventuelle spätere Auswertung erfolgende Speicherung von (die Telekommunikation betreffenden) Daten.

vo|ten ['voːtn̩, 'voʊtn̩] ⟨*schwaches Verb; hat*⟩ [englisch to vote] *(umgangssprachlich):* **1.** bei einer Abstimmung (für oder gegen jemanden, etwas) stimmen: für wen hast du gevotet? **2.** wählen: der Song wurde auf Platz eins gevotet.

Wa|ckel|da|ckel, der: Hundefigur mit einem lose aufgehängten Kopfteil, der bei Bewegung hin und her wackelt: er setzte den Wackeldackel hinten auf die Hutablage.

Warm|du|scher, *der; -s, - (umgangssprachlich abwertend):* Weichling.

Web|de|sign [*auch:* 'wɛb...], *das* [englisch web design, aus: web (Webbrowser) und design, Design]: Gestaltung einer Website: ein schickes, modernes Webdesign.

Web|log [*auch:* 'wɛblɔg], *das, auch: der; -s, -s* [englisch weblog, zusammengezogen aus: web (Web) und logbook = Logbuch] *(EDV):* tagebuchartig geführte, öffentlich zugängliche Webseite, die ständig um Kommentare oder Notizen zu einem bestimmten Thema ergänzt wird.

Web|site [...saɪt, *auch:* 'wɛbsaɪt], *die, auch: das; -, -s* [englisch web site, aus: web (Webbrowser) und site = Platz, Stelle]: Gesamtheit der hinter einer Adresse stehenden Seiten im World Wide Web.

web|weit [*auch:* 'wɛb...] ⟨*Adjektiv*⟩: das ganze Web umfassend: eine webweite Suche.

weg|kli|cken ⟨*schwaches Verb; hat*⟩ *(EDV-Jargon):* ein offenes Fenster auf dem Bildschirm schließen: sie hat das Bild schnell weggeklickt.

Weich|ei, *das (umgangssprachlich abwertend):* Weichling, Schwächling.

Welt|kli|ma|rat, *der* ⟨*ohne Plural*⟩: Gremium der Vereinten

Nationen zur Beobachtung weltweiter Klimaveränderungen.

Welt|raum|te|le|s|kop, *das:* im Weltraum auf einer Erdumlaufbahn stationiertes Teleskop.

Wide|screen ['waɪdskriːn], *der; -s, -s* [englisch widescreen, aus: wide = breit und screen = Bildschirm]: **1.** ⟨*ohne Artikel gebräuchlich, ohne Plural*⟩ besonders breites Format eines Fernseh- oder Monitorbildschirms: eine Sendung, DVD in Widescreen. **2.** Fernsehgerät oder Monitor mit dem Bildschirmformat Widescreen.

Wi|ki, *das; -s, -s (EDV):* **1.** Sammlung von Informationen und Beiträgen im Internet zu einem bestimmten Thema, die von den Nutzern selbst bearbeitet werden können. **2.** System zur einfachen Bearbeitung eines Wikis.

Wi|ki|pe|dia, *die; -:* Internetportal mit Informationen zu allen Wissensgebieten, die allgemein zugänglich sind und von den Nutzern selbst erweitert und verändert werden können.

Wind|ener|gie|an|la|ge, *die:* ↑ Windkraftanlage.

Wind|höf|fig|keit, *die; - (Fachsprache):* durchschnittliches Windaufkommen an einem bestimmten Standort (als Maßstab für die Gewinnung von Windenergie): Windkrafträder dürften nur an Standorten errichtet werden, deren Windhöffigkeit einen wirtschaftlichen Betrieb rechtfertigt.

Wind|kraft|an|la|ge, *die:* Anlage zur Gewinnung elektrischer Energie aus der natürlichen Energie der Strömung des Windes mithilfe von Rotoren, Turbinen, Windrädern o. Ä.

Win-win-Si|tu|a|ti|on [*auch:* wɪnˈwɪn...], *die* [nach englisch win-win-situation, zu: win-win = für jede Seite vorteilhaft, zu: to win = gewinnen] *(besonders Wirtschaft):* Situation, Gegebenheit, Konstellation, die für alle Beteiligten Vorteile bietet.

W

wirk|mäch|tig ⟨*Adjektiv*⟩ *(bildungssprachlich):* sehr groß, stark, mächtig in seiner Wirkung, seiner Wirksamkeit, seiner Auswirkung: wirkmächtige Bilder, Ideen, Klischees; die Ereignisse der Französischen Revolution sind bis heute wirkmächtig geblieben; jemanden wirkmächtig unterstützen.

Wohl|fühl|fak|tor, *der:* **a)** Faktor, Umstand, der zum Wohlbefinden maßgeblich beiträgt: das Betriebsklima ist ein wichtiger Wohlfühlfaktor; **b)** Maß an Wohlgefühl: viel Licht in der Wohnung erhöht den Wohlfühlfaktor; **c)** das Wohlbefinden als das [Kauf]verhalten beeinflussender Umstand, Faktor: auf den Wohlfühlfaktor setzen.

Wo|ma|ni|zer [ˈwʊmənaɪze], *der; -s, -* [englisch womanizer, zu: to womanize = hinter den Frauen her sein, zu: woman = Frau]: Frauenheld.

Won|der|bra® [ˈwʌndəbrɑː], *der; -s, -s* [aus englisch wonder = Wunder und bra = BH]: spezieller Push-up-BH.

● **Wort des Jahres** S. 77 f.

wu|schig ⟨*Adjektiv*⟩ [aus dem Nordostdeutschen, eigentlich = fahrig, nicht sorgsam, verwandt mit wuscheln, wuseln] *(umgangssprachlich):* **1.** unruhig; verwirrt: du machst mich ganz wuschig. **2.** sexuell erregt.